Sandra Felton
Neuer Mut im Alltags-Chaos

W0039666

Sandra Felton

Neuer Mut
im Alltags-Chaos

Wie Messies einander helfen können

Aus dem Amerikanischen
von Ulrike Zellmer

Brendow
Buch · Kunst · Verlag

Die Deutsche Bibliothek – CIP-Einheitsaufnahme

Felton, Sandra:
Neuer Mut im Alltags-Chaos : wie Messies einander helfen können /
Sandra Felton. Aus dem Amerikan. von Ulrike Zellmer. – Moers :
Brendow, 1999
(Edition C : C ; 543)
Einheitssacht.: Hope for hopeless Messies «dt.»
ISBN 3-87067-780-5

ISBN 3-87067-780-5
Edition C, C 543
© 1999 by Brendow Verlag, D-47443 Moers
Originaltitel: Hope for hopeless messies
© 1998 Sandra Felton
Einbandgestaltung: Kortüm + Georg, Agentur für Kommunikation, Münster
Titelfoto: Bavaria/Bill Ling
Satz: AbSatz Klein Nordende
Druck und Bindung: Ebner Ulm
Printed in Germany

Ein paar Worte vorab

Die Anonymen Messies sind ein Zusammenschluss von Frauen und Männern, die miteinander ihren chaotischen Lebensstil überwinden wollen, der ihr Leben so schwierig gemacht hat. Verwirrung und Unordnung haben Auswirkungen auf ihre Selbstachtung, ihre Fähigkeit, ihre zahlreichen Begabungen zu nutzen, ihre Beziehungen und ihre Lebensfreude in dem chaotischen Umfeld, das sie geschaffen haben. Der Haushalt (und manchmal auch das Büro) befindet sich im Chaos, und das beeinträchtigt ihr gesamtes Leben.

In diesem Buch geht es darum, wie ein desorganisierter Mensch, Messie genannt, solche destruktiven Neigungen überwinden und sein Leben wieder in den Griff bekommen kann. Es kann sowohl von Einzelnen, wie auch in Gruppen gelesen werden.

Inhalt

1. Kapitel

Das Herzstück des Messie-Problems

Wir sind keine schlechten Menschen. In mancher Hinsicht sind wir sogar zu gut für diese Welt. Es ist unsere ganz eigene Handlungsweise, die unserer besonderen Art von Gutmütigkeit entspringt, welche Unordnung, Chaos und Verwirrung in unser Haus bringt.

Vielleicht ist das Hauptmerkmal von uns Messies unsere überschwengliche Freude am Leben und all seinen Aspekten. Wir lieben das Leben in all seinen Ausformungen. Wir lieben es mit einer Leidenschaft, die tief in unserer Seele verankert ist. Wir sind Extremisten, Alles-oder-Nichts -Menschen. Wenn wir bestimmte Dinge sammeln, tun wir das überaus intensiv. Wir verbringen viel Zeit, um an allen möglichen Orten danach zu suchen. Auch wenn es um unser Hobby oder unseren Beruf geht, tun wir zu viel des Guten, bis wir tief in der Sache drinstecken. Wir merken nicht immer, wie sehr wir uns übernehmen, weil uns diese Art zu leben so natürlich vorkommt, dass wir sie für normal halten. So sind wir oft die Letzten, die merken, dass das eine unserer Charaktereigenschaften ist.

Diese Lebensfreude wirkt sich auch auf unsere Prioritäten aus. Wir sind anfällig für große Ideen, das Streben nach dem Wesentlichen und nehmen vergleichsweise unwichtige Dinge, wie Sachen vom Boden aufheben, sich Zeit nehmen zum Planen oder Haushaltsaufgaben nicht ernst genug.

Unsere zweite charakteristische Eigenschaft ist, dass wir nicht in der Lage sind, mit unserer Neigung zur Exzessivität richtig umzugehen, weil wir im Grunde desorganisierte Menschen sind. Vielleicht können andere Leute Dinge übertreiben und damit umgehen, aber wir können das nicht. Das ist wie beim Alkoholkonsum: Manche Menschen können trinken, ja sogar über ein bestimmtes Maß hinaus trinken, ohne zu Alkoholikern zu werden. Andere können das nicht. Dasselbe gilt für uns. Wir sind irgendwie anders. Wir können nicht mit dem Übereifer umgehen, der in unserer Persönlichkeit angelegt ist.

Das Problem in Kürze

So sind wir also doppelt gebunden. Das Hauptproblem von Messies ist, dass wir dazu neigen, alles zu übertreiben, aber nicht damit umgehen können.

Manche Messies stehen besonders unter dem Zwang, zu viel anzusammeln und sich zu viele Aktivitäten aufzuladen. Andere wiederum haben mehr Probleme damit, ihre Habseligkeiten zu organisieren, ob es nun wenig oder viel ist. Doch in jedem Messie gibt es, in unterschiedlicher Kombination, diese beiden Aspekte des Problems.

Übertreiben

Wir lieben das Leben, Ideen, Menschen und Dinge. Wir haben eine tiefe Lebensfreude und einen Drang, alles im Leben mitzunehmen und mitzumachen.

Unsere Interessen sind natürlich verschieden, aber oft sind Messies sehr ideenorientiert, ja intellektuell. Wir lieben Bücher, Zeitschriften und Informationen aller Art.

Messies sind insgesamt sehr kreativ. Viele betätigen sich künstlerisch oder kunsthandwerklich, sie schreiben oder spielen Theater. Wir haben ein Faible für ausgefallene Dinge wie originelle Faschingskostüme und Kinderprojekte, weil wir einen Haufen toller Materialien aller Art gesammelt und gehortet haben. Vielleicht liegen diese Dinge gar offen herum, sodass wir uns jederzeit in eine solche Aufgabe stürzen können. Allein der Anblick dieser Dinge stimuliert unsere kreativen Kräfte.

Wir sind auch beziehungsorientiert. Menschen sind wichtiger als Dinge. Wir tun gern Dinge für andere. Oft vernachlässigen wir uns selbst und unseren Haushalt, weil wir uns in erster Linie um die Bedürfnisse anderer Leute kümmern. Wir horten Dinge, die wir gar nicht brauchen, für den Fall, dass jemand anders einmal so etwas benötigt.

Auch in manch anderer Hinsicht haben wir zu viel Zeug gehortet, zu viele Ideen im Kopf. Wir haben zu viele Aktivitäten und Verpflichtungen am Hals und zu viele Interessen. Wir sind aktive und dynamische Menschen. Zu aktiv. Zu dynamisch. Zu fürsorglich. Diese Charaktereigenschaft ist sowohl unsere Stärke, als auch unsere Schwäche. So gut sie für sich genommen aussehen mag – bei uns ist sie außer Kontrolle geraten. Wir merken, dass etwas geschehen muss. So kann es nicht weitergehen.

Desorganisiert

Sehen wir den Dingen ins Auge. Manche Menschen können mit vielen Habseligkeiten umgehen. Wir nicht. Diese anderen haben vielleicht vieles kategorisiert, in Schachteln verpackt und wie in einer Bibliothek in alphabetischer Reihenfolge auf dem Dachboden oder im Keller aufgehoben. Die Wohnräume sind in einem guten Zustand. Diese Leute sind Sammler und haben vielleicht tatsächlich ein Problem, das sie in den Griff kriegen wollen, aber sie sind keine Messies im üblichen Sinn, weil sie organisiert sind.

Es ist ein Fehler, alles organisieren zu wollen, bevor der Haushalt vereinfacht worden ist, das heißt, wir uns von unnötigen Dingen getrennt haben. Dinge besser organisieren zu wollen als die eben erwähnten Leute, wäre ein schwerwiegender Fehler. Erst wenn wir das Haus von unnötigem Plunder befreien, bevor wir darangehen, es besser zu organisieren, kriegen wir die Last der Unordnung in den Griff. Selbst wenn wir es versuchen würden, könnten wir vermutlich nicht mit dem Grad von Organisation umgehen, der notwendig ist, wenn wir zu viele Dinge horten, weil wir Eigenschaften haben, die das verhindern. Für unsere Desorganisation gibt es folgende Ursachen:

❑ Ablenkbarkeit – Wir beginnen eine Sache, machen sie halb fertig und fangen dann etwas anderes an. Dabei können wir alles um uns herum vergessen, und auch, was wir als nächstes in Angriff nehmen wollten.

❑ Perfektionismus – Wir wollen alles perfekt machen. Aus Unsicherheit nehmen wir uns für unwichtige Details zu viel Zeit. Das wichtige große Ziel gerät dann oft aus dem Blickfeld. Perfektionistisches Denken führt zu Unentschlossenheit und Zaudern, während wir versuchen, darüber nachzudenken, was wir nun am besten tun. Während wir noch darüber nachsinnen, türmen sich die Dinge und Aktivitäten vor uns wie ein Berg.

❑ Mangelnde Organisationsfähigkeit – Manche Leute haben ein natürliches Organisationstalent, so wie manche mathematisch oder sportlich begabt sind. Es gibt Anhaltspunkte dafür, dass desorganisierte Menschen von Natur aus nicht zur Ordnung angelegt sind. Unser Gehirn arbeitet wohl etwas willkürlicher.

❑ Gedächtnisproblem – Wir haben Angst, Dinge zu vergessen, weil wir aus Erfahrung wissen, dass wir so vieles verlieren. Daher ziehen wir es vor, die Dinge so hinzulegen, dass wir sie vor Augen haben. Und so entstehen Stapel.

❑ Sentimentalität – Wir sind sehr vergangenheitsorientiert, besonders, was unsere Familie angeht. Also horten wir zu viele

Dinge. In gewisser Weise stehen diese Dinge für die Menschen, mit denen wir sie in Verbindung bringen. So werden die Menschen gewissermaßen mit ihren Habseligkeiten verwechselt. Wenn wir uns von etwas trennen, verlieren wir also auch einen Teil dieser Menschen. Wenn wir uns von unseren eigenen Habseligkeiten aus der Vergangenheit trennen, verlieren wir einen Teil unserer selbst.

❏ Angst – Messies haben große Angst vor der Zukunft, sowohl was sie selbst, als auch was ihre Mitmenschen angeht. Sie heben zu viele Dinge auf, damit sie sie später im Notfall zur Hand haben. Offensichtlich funktioniert das manchmal. Aber ein desorganisiertes Leben ist ein zu hoher Preis dafür. Andere verhalten sich nicht so, und sie leiden auch keinen Mangel.

❏ Selbstbild – Messies definieren sich über ihren Besitz. Da sie kreative und expansive Menschen sind, kennen sie kaum Grenzen. Das gilt für viele, viele Dinge, die ihre verschiedenen Hobbies, Projekte, Interessen und Talente repräsentieren. Das ist ein Beispiel, wie etwas an sich Gutes überzogen werden kann und dann Probleme verursacht.

❏ Träume – Viele Dinge, die wir aufheben, aber nie benutzen, heben wir auf, weil sie für unsere Hoffnungen und Träume stehen. Das kaputte Boot im Hof, das nie mehr benutzt wird. Die Unzahl von Reiseprospekten. Der Stapel Tennismagazine, den einer aufhebt, der nicht mal einen Schläger besitzt. Bücher, die mit unserer ruhmreichen Vergangenheit zu tun haben, unserer Studentenzeit etwa. Die Hinterlassenschaft eines geliebten Verstorbenen. Wenn wir diese Dinge loswerden, müssen wir uns auch eingestehen, dass die damit verbundenen Hoffnungen und Träume gestorben sind. Sich von solchen Lebensträumen zu trennen ist schmerzlich.

In Wirklichkeit müssen solche Träume manchmal gar nicht sterben. Der verhinderte Segler kann auch ein Boot mieten. Der Tennisspieler kann immer noch Trainingsstunden nehmen. Was sie da aufheben, ist eine unangemessene Art und Weise, an ihren Träumen zu kleben.

Manchmal sterben Träume tatsächlich und werden nie wieder zum Leben erweckt. Die Studentenzeit. Der geliebte Mensch, den wir verloren haben. Zuzugeben, dass all das unwiederbringlich vorbei ist, tut weh. Aber es befreit uns auch, wenn der Schmerz vorbei ist, zu weiteren schönen Zeiten und für andere geliebte Menschen. Wenn wir uns von den Überresten vergangener Träume verabschieden, machen wir uns vielleicht das allerbeste Geschenk, weil es uns dazu befreit, der Zukunft unbelastet entgegenzusehen.

Suchtgefährdete Persönlichkeiten

Das Buch *Al Anon Family Groups* (1987) beschreibt, dass Alkoholiker gewisse Charaktereigenschaften haben, die jedoch auch wiederum nicht auf alle zutreffen. Viele dieser Eigenschaften scheinen auch auf viele Messies zuzutreffen und legen den Gedanken nahe, dass vieles, was für Alkoholiker gilt, sich auch für Messies als hilfreich erweist. In dem Buch heißt es:

Alkoholiker sind oft Menschen, die sich stark für eine Sache begeistern können, wenn diese Begeisterung auch oft nur kurz anhält. Sie tun oft zu vieles zu schnell. Sie neigen zu Perfektionismus bei sich und anderen. Wenn sie frustriert sind, werden sie entweder depressiv oder überaggressiv. Ihnen mangelt es an innerem Gleichgewicht, mit dem sie die Lebensprobleme realistisch angehen könnten.

Alkoholiker sind oft attraktive und intelligente Leute. Viele haben hohe Ideale, die sie jedoch im täglichen Leben nicht zu erreichen scheinen.

Bill W. Mitbegründer der Anonymen Alkoholiker, hat ein Buch geschrieben mit dem Titel *The Twelve Steps and Twelve Tra-*

ditions (Die Zwölf Schritte und die Zwölf Traditionen). Hier schreibt er, dass es ihm zuerst schwer fiel, sich dem Urteil vieler Fachleute zu stellen, dass Alkoholiker kindlich, empfindlich und schwülstig seien. Später habe er dieser Feststellung jedoch zugestimmt. Er stellt weiterhin fest, dass viele Alkoholiker im Grunde ungewöhnlich ängstlich seien.

Ich kann als Messie eine ähnliche Feststellung treffen: Es ist schwer, die Möglichkeit annehmen zu müssen, dass diese Eigenschaften dazu beitragen, dass ein chaotischer Lebensstil mir ganz natürlich erscheint. Aber ich bin, wie Bill, zu der Annahme gelangt, dass eben diese Eigenschaften in der Regel zur Persönlichkeit eines Messie gehören. Ich muss dieser Möglichkeit ins Auge sehen, wenn ich mich ändern, wenn ich reifer werden und meinen Platz in einer Welt einnehmen will, in der ich nicht von meinen eigenen kindlichen Impulsen getrieben werde, ganz gleich, wie vertraut und verständlich sie sein mögen.

Starker Tobak? In der Tat, aber wir werden an anderer Stelle sehen, dass eines der zwölf Konzepte **Einsicht** heißt, nämlich die Dinge so zu sehen, wie sie wirklich sind. Ein weiteres Konzept ist **Vernunft**, versuchen, ausgeglichener und gemäßigter zu leben, unsere Verpflichtungen in Ruhe zu erfüllen und aus der Berg-und-Tal-Bahn eines desorganisierten Lebens auszusteigen.

Die Auswirkungen eines chaotischen Lebensstils

Unordnung und Chaos wirken sich in vielerlei Weise auf unser Leben aus.

Soziales Leben

Wie viele Menschen müssen sich wohl ihre Freunde vom Hals halten, weil sie niemanden zu sich nach Hause einladen können, geschweige denn das Risiko eingehen, dass jemand einmal unverhofft vorbeischaut? Vielleicht könnten wir tatsächlich Gäste haben, wenn wir mehrere Tage lang wie die Wilden dafür schuften würden. Aber ist das all die Mühe wert? Vielleicht, wenn das Haus hinterher in diesem Zustand bliebe, aber in der Regel fällt es innerhalb von ein oder zwei Tagen wieder in den alten Zustand zurück. Also machen wir Abstriche in unserem gesellschaftlichen Leben, oder wir versuchen, es von unserem Haus fernzuhalten.

Kürzlich schrieb mir eine sehr nette Dame, dass sie und ihr Mann mit einem anderen Ehepaar gut befreundet gewesen seien, und sich häufig in deren Haus getroffen hätten. Sie hatte versucht, sich für die Einladungen zu revanchieren, indem sie besonders gut zubereitete Speisen mitbrachte und schöne Gastgeschenke überreichte. Sie würde alles tun, um den anderen ihre Verbundenheit zu zeigen, außer sie zu sich nach Hause einzuladen. Aber das genügte nicht. Die Freundschaft geriet ins Stocken und brach trotz all dieser Bemühungen auseinander. Das andere Ehepaar fühlte sich missachtet, weil sie nie eine Gegeneinladung erhielten.

Romantik

Einer der wohl besten Briefe, den ich in den vielen Jahren der Arbeit mit den Anonymen Messies erhielt, kam von einer jungen Frau, die sich am Tag vor ihrer Hochzeit Zeit nahm, um mir zu schreiben. Sie wollte mir danken, weil sie, wie sie schrieb, nicht hätte heiraten können, hätte sich nicht vieles in ihrem Leben geändert, seit sie sich den Anonymen Messies angeschlossen hatte. Chaos wirkt sich auch störend auf die Intimität aus. Sie hatte dieses Problem glücklicherweise in den Griff bekommen und war nun auf dem Weg in eine, wie wir hoffen, glückliche Ehe.

Ein hochgebildeter Akademiker im Ruhestand schrieb mir von seiner Verlobten, die er sehr gern hatte, und die einen Lehrstuhl an einer Universität hatte. Die beiden wohnten in verschiedenen Städten. Er wollte sie heiraten und in ihre Stadt ziehen. Aber sie gestattete ihm nicht, auch nur in die Nähe ihres Hauses zu kommen, weil es völlig chaotisch war. Er würde sie doch trotzdem lieben, meinte er, und konnte nicht verstehen, warum ein Haus so wichtig sein sollte. Sie und ich wissen, dass das so ist. Es mag wohl sein, dass die Verlobte gut daran tat, ihn von ihrem Haus fern zu halten.

Ehe

Unordnung und Chaos können unter anderem auch zur Scheidung beitragen. Manchmal sind sie sogar der entscheidende Scheidungsgrund. Ordentliche Männer und Frauen berichten, dass sie es einfach nicht ertragen, in all dem Chaos und der Hässlichkeit zu leben. Eine Frau berichtete auf einem Seminar der Anonymen Messies in Deutschland, dass ihr Mann sie wegen des chaotischen Hauses verlassen habe. Als ich sie fragte, ob es eine Möglichkeit gebe, dass sie wieder zusammenfinden würden, wenn sich der Zustand ihres Hauses aufgrund ihrer Bemühungen zum Besseren ändere, meinte sie, es sei bereits zu spät. Er hatte eine andere Frau gefunden. Der Zug ist schon abgefahren, sagte sie über ihre zerbrochene Ehe. Nun besuchte sie um ihrer selbst willen dieses Seminar. Schlimm, daß sie nicht früher Hilfe gefunden hat.

Familienleben

Frank schickt einen Hilferuf wegen seiner Frau los. Sie hebt alles auf, besonders Dinge, die mit ihren vier Kindern zu tun haben. Wenn sie eine Süßigkeit essen, hebt sie das Einwickelpapier auf und auch fast alles andere, was die Kinder anfassen. Sie kauft Duplikate ihrer Spielsachen. Das Haus ist in einem furchtbaren Zustand, und wenn er etwas verändern will, wird sie zornig und verzweifelt. Er meint, dass er sie verlassen würde, wenn nicht die Kinder da wären. Er hat sogar eine Gesundheitsbehörde um Hilfe gebeten, aber diese Situation fiel nicht in deren Zuständigkeitsbereich. Er hat Angst, dass die Behörden ihnen eines Tages wegen des Zustands ihres Hauses die Kinder entziehen werden.

Tägliches Leben

Theresa sucht Hilfe für ihre Schwester. Sie ist Mitte Zwanzig, hat drei Kinder und lebt in unbeschreiblichen Zuständen. Ihre Familie ist verzweifelt. Sie besuchen sie regelmäßig, um bei ihr aufzuräumen, aber bald ist alles wieder wie zuvor: Ungewaschenes Geschirr steht herum, überall liegen Kleidungsstücke verstreut, dazwischen schmutzige Windeln. Theresa berichtet, dass es ein Aufmerksamkeitsdefizitsyndrom in der Familie gebe, und dass ihre Schwester seit ihrer Teenagerzeit an Depressionen leidet. Sie war schon immer unordentlich. Die einzige Zeit in ihrem Leben, als sie in einer gewissen Ordnung lebte, war ihre Armeezeit, als sie in einer Baracke wohnte. Sie war sogar gern im Ausbildungslager. Es war eine der wenigen Zeiten in ihrem Leben, in der sie einer so strengen Ordnung unterworfen war, dass die Situation nicht in Chaos ausarten konnte. Aber jetzt, ohne solche äußeren Zwänge und Strukturen und mit kleinen Kindern, die sie daran hindern, irgendeine Ordnung in ihrem Leben einzurichten, scheitert sie kläglich.

Selbstachtung

»Ich bin völlig fertig«, sagt Steve aus Oregon, »und das seit Jahren. Meine Freunde wissen nicht, was sie davon halten sollen. Ich bin gläubiger Christ. Manche meiner Freunde haben versucht, Dämonen aus mir auszutreiben, da sie glaubten, ich sei von einer bösen Macht besessen. Manche haben versucht, mich zu ändern, indem sie mich bloßstellten und beschämten. Nichts hat geholfen. Ich weiß nicht mehr weiter und bin in einer verzweifelten Lage. Ich habe noch nie ein solches Haus gesehen wie meines. Ich bin Perfektionist und hasse Unordnung, aber ich bin einfach machtlos dagegen. Ich informiere mich auch gern und kaufe immer mehr Bücher und Zeitschriften, die sich dann überall stapeln. Ich bin so deprimiert. Ich glaube, ich war schon immer depressiv, und der Zustand meines Hauses hat alles nur noch schlimmer gemacht.

Ihr Buch ist das erste, in dem ich mich verstanden fühle. Aber ich habe jetzt keine Zeit mehr zum Lesen. Ich muss sofort etwas wegen des Hauses unternehmen. Ich bin verzweifelt!«

Manche dieser Geschichten sind extreme Fälle. Gott sei Dank haben die meisten chaotischen Menschen nicht solche ernsthaften Probleme. Ich habe diese Fälle jedoch erwähnt, damit die, die das Gefühl haben, dass sie tief in diesem Sumpf stecken, wissen, dass sie mit ihrem Problem nicht allein dastehen, und dass es Hoffnung gibt. Ich habe die Geschichten erwähnt, damit die unter uns, die nicht annähernd so desorganisiert sind, begreifen, dass, wenn wir den Neigungen zum Chaos, die wir in uns fühlen, wirklich nachgäben, alles viel schlimmer werden könnte als es jetzt ist. Viele von uns können verstehen, was diese Menschen in eine solche Situation gebracht hat, und wir sagen tief in unserem Herzen etwas bange: »Das könnte auch ich sein, wenn Gott mir nicht gnädig wäre.«

2. Kapitel

Wie alles begann
Die Geschichte der Anonymen Alkoholiker und Anonymen Messies

Bevor wir beschreiben, wie Sie sich von einer chaotischen, desorganisierten, frustrierten Person in einen organisierten Menschen verwandeln können, der sein Leben im Griff hat, wollen wir uns einmal die faszinierende Geschichte anschauen, wie die modernen Zwölf-Schritte-Programme begannen, und wie sie heute funktionieren.

Bill Wilsons Geschichte

Die erste Selbsthilfegruppe, an der sich über 250 solcher Gruppen zu anderen Problembereichen heute orientieren, waren die Anonymen Alkoholiker. Ein New Yorker Alkoholiker namens Bill Wilson war am Ende. Er hatte versucht, mit dem Trinken aufzuhören und merkte, dass er es nicht schaffte, obwohl die Ärzte ihm gesagt hatten, dass er innerhalb eines Jahres tot sein oder einen Gehirnschaden bekommen würde, wenn er so weitermachte.

Als er eines Tages am Küchentisch saß und trank, erhielt er einen Anruf von einem alten Trinkkumpanen. Bill war alleine und deprimiert. Er hatte seine Stelle als Börsenmakler verloren, und seine Frau musste in einem Kaufhaus arbeiten, um die Familie zu unterhalten. Er freute sich darauf, gemeinsam mit seinem alten Freund zu trinken. Er wusste, daß dieser wegen seiner Trunksucht bereits in eine Heilanstalt eingewiesen worden war. Das war ihm, Bill, zumindest nicht passiert – noch nicht.

Als Ebby in die Küche kam, sah er verändert aus. Er hatte nicht getrunken. Er wirkte gesund. Er lächelte, als er ablehnte, was Bill ihm zu trinken anbot. Bill wurde neugierig, und Ebby berichtete, daß er nicht mehr trank, weil er »religiös geworden« sei. Bill war Zyniker, Agnostiker und misstraute der Religion. Als er früher auf der Ingenieurschule war, hatte er »den Eindruck gewonnen, dass der Mensch Gott sei«, wie er später sagte. Bill war von Ebbys Antwort enttäuscht. Er hatte einen religiösen Spinner vor sich.

Ebby predigte nicht über seine »Religion«. Er erzählte Bill nur von einer Gruppe, der »Oxford Gruppe«, die ihm sehr viel bedeutete. Sie war überkonfessionell und keine Gemeinde im eigentlichen Sinn. Man traf sich dort in verschiedenen Häusern. Diese Menschen glaubten, dass es wichtig sei, eine Bilanz über sein Leben zu ziehen, seine Fehler zu bekennen und sie, wenn möglich, wieder gutzumachen. Es mussten nicht alle auf die gleiche Weise an Gott glauben. Jeder konnte, so meinte Ebby, sich Gott auf seine Weise vorstellen. Dann verabschiedete er sich.

Bill hatte nicht das geringste Interesse an dem, was Ebby soeben berichtet hatte, und fiel wieder in seine Depression zurück, aber es wurmte ihn, dass Ebby nüchtern herumlief, während er, Bill, der intellektuelle Agnostiker, weiterhin dem Alkohol verfallen war.

Die Vorstellung, seine intellektuelle Sichtweise aufzugeben, machte Bill zu schaffen. Er würde lieber am Alkohol sterben, als diese seine wichtigste persönliche Charaktereigenschaft aufzugeben. Schließlich, Alkoholiker oder nicht, war er ein Mensch von Würde. Religion war etwas für Schwache und Hilflose. Doch weil er ein intelligenter Mann war, beschloss er, Ebbys Geschichte nachzugehen.

Bill entschloss sich, zur Calvary Church Bowery Mission zu gehen, wo sich Ebbys Gruppe traf. Er streifte durch die Bars der dreiundzwanzigsten Straße und gabelte dabei einen finnischen Fischer auf. Betrunken kam er in der Mission an und wäre herausgeworfen worden, hätte sich Ebby nicht für ihn eingesetzt. Irgendwann an diesem Abend ging Bill mit einigen anderen Alkoholikern nach vorne, als der Leiter reuige Sünder nach vorne rief. Bill, der ein einsames und deprimiertes Leben geführt hatte, wandte sich sogar an die Gruppe der anderen Alkoholiker. Später konnte er sich nicht mehr an den Vorfall erinnern.

Am nächsten Tag fühlte er sich sehr töricht. Aber etwas Merkwürdiges war geschehen. Auf dem Heimweg hatte er nicht das Bedürfnis verspürt zu trinken. Verwirrt lag er drei Tage lang im Bett und konnte nichts essen. Er trank nur so viel, um die Entzugsschmerzen zu verringern. Im Bett machte er sich seine Situation klar und beschloss, daß er leben wollte. Mit drei Flaschen Bier begab er sich freiwillig in das Towns Hospital, um eine Entziehungskur zu machen.

Ebby besuchte ihn und wiederholte sein Konzept für Nüchternheit erst, als Bill ihn danach fragte. In seiner Verzweiflung schrie Bill zu Gott, falls es einen gäbe, und sagte ihm, dass er bereit wäre, alles zu tun. Zwanzig Jahre später berichtete er der Konferenz der Anonymen Alkoholiker, dass er in diesem Moment ein Licht sah und eine Gegenwart fühlte, die ihn in Ekstase versetzte. Er dachte bei sich: »Das ist also der Gott des Predigers!«

Als dieses Erlebnis nachließ, kamen seine Ängste zurück. Er fragte sich, ob er Halluzinationen gehabt hätte, weil er aufgrund seines Trinkens bereits einen Gehirnschaden hatte. Er rief den Arzt, der ihm zuhörte, Fragen stellte und ihm sagte, dass Bill aus seiner Sicht psychisch vollkommen gesund sei, auch wenn er nur ein »einfacher Wissenschaftler« sei. »Was immer Sie da auch erlebt haben, halten Sie daran fest. Halten Sie daran fest, Mann. Es ist auf jeden Fall besser, als das, was Sie noch vor ein paar Stunden hatten.« Bill hat nie wieder Alkohol angerührt.

Geteilte Erfahrungen stärken uns

Bill W. hatte nun den Wunsch, anderen Alkoholikern von seiner Erfahrung zu berichten. Er knöpfte sie sich vor, wo immer er sie finden konnte. Manchmal brachte er sie in sein eigenes Haus und kümmerte sich um sie. Er spürte intuitiv, dass seine eigene Genesung von der Arbeit mit ihnen abhing, und obwohl er wenig Erfolgserlebnisse hatte, versuchte er es immer wieder, um seine eigene Nüchternheit zu erhalten. So entstand der Gedanke, dass es die beste »Therapie« für eine Veränderung sei, wenn ein Alkoholiker dem anderen half. Bill begann auch, sich einer Oxford Gruppe anzuschließen.

Später, als sich Bill auf einer Geschäftsreise nach Akron, Ohio, befand, wo er ohne Erfolg seine Karriere wieder aufzunehmen versuchte, war er versucht, zu einem Drink in die Hotelbar zu gehen. In seiner Verzweiflung – er wollte unbedingt nüchtern bleiben – rief er eine Kirche an, um Adressen von Mitgliedern der Oxford Gruppe zu bekommen, die ihn in Kontakt mit einem Alkoholiker bringen konnten, dem er seine Botschaft weitersagen konnte. Wiederum geschah das nicht in erster Linie wegen dieses Menschen, sondern um seiner selbst willen.

Der Alkoholiker, dem er dann begegnete, war Dr. Bob Smith, ein Proktologe, dessen Praxis wegen seiner Trunksucht schon fast geschlossen werden musste. Er war in der Oxford Gruppe gewesen und hatte einen religiösen Hintergrund, aber das hatte keinerlei Auswirkungen auf seine Alkoholsucht gehabt.

Als jedoch Bill, ein Mitalkoholiker, ihm von seinem eigenen Kampf gegen den Alkohol berichtete, öffnete sich eine Tür in Dr. Bobs Seele, und auch er wurde bald trocken. Bill und Dr. Bob wurden seither als die Mitbegründer der Anonymen Alkoholiker angesehen, und obgleich sie noch keinen Namen hatte, war dies die Geburtsstunde der Organisation.

Das Große Buch und die Ausbreitung der AA

Schließlich bildete sich in New York im Rahmen der Oxford Gruppe unter Bills Einfluss eine Gruppe von trockenen Alkoholikern und eine noch größere in Akron unter der Führung von Dr. Bob. Als Einzelne davon in anderen Städten berichteten, und sich auch dort Gruppen bildeten, erkannte Bill, dass Mundpropaganda allein nicht genügte. Sie brauchten gedrucktes Material, um die Botschaft richtig weiter zugeben. So entstand das Buch *Alcoholics Anonymous* (Anonyme Alkoholiker – Das Blaue Buch). Man schrieb das Jahr 1939. Dieser Buchtitel gab der Gruppe, die sich nun von der Oxford Gruppe gelöst hatte, ihren Namen. Bill war nun schon vier Jahre trocken.

Der Herzstück des Buches war das fünfte Kapitel: »Wie es funktioniert«. Es enthält die zwölf Schritte, die Bill aus den wenigen Schritten der Oxford Gruppe erweitert hatte, von denen Ebby ihm an jenem Tag in der Küche erzählt hatte. An diesen Schritten machten Bill seine und die Nüchternheit der anderen Mitglieder der AA-Gruppe fest. Bill änderte zum Teil die spezielle Terminologie der Oxford Gruppe, um AA von der Oxfordbewegung zu unterscheiden. So entstanden die AA-Gruppen und ihr Programm.

Heute gibt es AA-Gruppen auf der ganzen Welt, die den einzigen Zweck haben, Alkoholikern zu helfen. Als Menschen mit anderen destruktiven Gewohnheiten sahen, wie die AA Alkoholikern halfen, baten sie AA um Erlaubnis, Bearbeitungen der zwölf Schritte zu benutzen, um die besonderen Schwierigkeiten zu überwinden, mit denen sie selbst zu kämpfen hatten. AA ist bereit, diese Schritte unter bestimmten Bedingungen zum Schutz der AA-Botschaft auch mit anderen zu teilen. Als Folge davon haben sich viele andere Zwölf-Schritte-Gruppen gebildet.

AM folgt

Was hat all das mit uns desorganisierten Menschen zu tun? Die Vorstellungen, die sich aus der Gründung von AA ergaben, funktionieren auch in unserem Fall. Der Gedanke, dass ein Mensch, der das Problem aus eigener Erfahrung versteht, sich an andere mit demselben Problem wendet, um seinen eigenen Genesungsprozess zu unterstützen, ist eine der Grundlagen der Anonymen Messies. Gemeinsam sind wir stärker als allein.

Ich selbst verstehe das Problem nur zu gut. Im Sommer 1980 war ich am Ende meiner Weisheit. Ich kam gegen das Chaos in meinem Leben nicht mehr an. Ich suchte an verschiedenen Stellen nach Hilfe, fand aber sehr wenig, das sich auf mein Problem anwenden ließ. Mein Glaube an Jesus als Retter von meinen Sünden und als mein Helfer und Beistand schien auch wenig zur Lösung meines Problems beizutragen, außer dass mir bewusst wurde, dass Gott etwas Besseres für mich im Sinn hatte, als dieses Leben im Chaos. Alle anderen schienen zu wissen, wie sie in ihrem Heim Ordnung und Schönheit schaffen konnten, nicht aber ich. Mehr noch, ich schien nicht in der Lage, selbst die wenigen Erkenntnisse, die ich hatte, in die Tat umzusetzen. Manchmal konnte ich das Haus einigermaßen in Ordnung halten, aber es blieb nicht lange so.

Ich scheiterte auf einem Gebiet, das für Frauen sehr stark mit ihrem Selbstbewusstsein verknüpft ist. Ich litt darunter. Meine Familie litt darunter. Wir konnten nichts mehr finden. Wir isolierten uns immer mehr von anderen, weil unser Haus sich in einem so schlimmen Zustand befand. Es war, gelinde gesagt, unattraktiv. Und mir war das ganze Problem zuwider.

Nach einem demütigenden Erlebnis ging ich daran, Hilfe zu finden. Durch Lektüre, Befragung von anderen und aus purer Verzweiflung konnte ich ein System entwickeln, das tatsächlich funktionierte. Da ich Lehrerin bin und vielleicht, weil ich erkannte, dass ich die Unterstützung anderer Leidensgenossen brauchte, schaltete ich eine Kleinanzeige in einer Lokalzeitung und lud zu einer Gruppe ein, die ich Anonyme Messies nannte. »Messies« deshalb weil ich solche Worte wie Schlampen oder Packratten vermeiden wollte. Das Wort »Messies« schien auf nette Weise zu vermitteln, dass wir desorganisiert waren. »Anonym« deshalb, weil wir nicht unbedingt wollten, dass andere von unserem Problem und unseren Bemühungen, uns davon zu befreien, erfuhren. Die Privatsphäre würde gewahrt bleiben. Zu diesem Zeitpunkt wusste ich nicht, wie andere anonyme Gruppen arbeiteten, noch kannte ich die Zwölf Schritte, die sich die meisten zu eigen gemacht hatten.

Zwölf Leute bildeten die erste Gruppe. Gemeinsam erarbeiteten wir Prinzipien, die sich für uns bewährten. In einem schmerzlichen Prozess arbeiteten wir uns aus dem Chaos und der Unordnung heraus, in der wir uns befanden. Am ermutigendsten war wahrscheinlich, dass wir offen über das reden konnten, was wir bisher immer verborgen hatten. Es war zu schmerzlich gewesen, mit Menschen darüber zu sprechen, die unser Problem doch nicht verstanden. Das Kopfnicken von allen Seiten, die verständnisvollen Blicke, das Gelächter, das hin und wieder aufbrach, bestärkten uns in unserem Vorhaben und verhalfen uns zur Einsicht in das Wesen unseres Problems.

Durch Publikationen verbreitete sich die Nachricht über unsere Gruppe über die gesamten Vereinigten Staaten und später über die Englisch sprechende Welt. Jetzt sind wir auch in anderen Ländern bekannt. Am Anfang schrieben viele Leute und baten um Hilfe, wie sie ihr Problem mit der Unordnung angehen könnten. Um ihren Bedürfnissen gerecht zu werden, schrieb ich ein Buch über unsere Entdeckungen, *Ohne Chaos geht es auch*, welches ein Bestseller wurde. Es ist das Aushängeschild der Anonymen Messies.

Frauen und Männer bedankten sich in Briefen für die Hilfe, die ihnen durch dieses Buch zuteil geworden war. Doch andere schrieben, dass sie immer wieder scheiterten und stellten Fragen, die im ersten Buch nicht beantwortet wurden. Daraufhin schrieb ich weitere Bücher. So zum Beispiel: *Im Chaos werden Rosen blühen, Das Chaos ist besiegt, Im Chaos bin ich Königin, Kraft für den neuen Tag* und *Laß uns das Chaos überleben.* Später, als ich selbst mehr Erfahrung gesammelt hatte und weitere Bedürfnisse von Lesern erfahren hatte, merkte ich, dass noch andere Problembereiche angesprochen werden mussten. So schrieb ich Broschüren und kleinere Bücher, die sich zum Beispiel mit der Sammelleidenschaft befassten *(Als Messie glücklich werden)*, mit dem Aufmerksamkeitsdefizitsyndrom *(Why can't I get organised?)* und den besonderen Bedürfnissen anderer Gruppen, wie Männer oder ältere Menschen.

Zwölf Schritte und Traditionen für AM

1991 baten die Anonymen Messies um Erlaubnis, die bearbeiteten Zwölf Schritte und zwölf Traditionen der Anonymen Alkoholiker benutzen zu dürfen, die ursprünglich im Dezember 1938 von Bill Wilson verfasst wurden, dem Mitbegründer der AA, und es wurde uns freundlicherweise gestattet. In diesem Buch möchte ich erklären, wie sich die Zwölf Schritte und die zwölf Konzepte, die sich aus den Zwölf Schritten entwickelt haben, auf Menschen anwenden lassen, die mit Unordnung und Chaos in ihrem Leben kämpfen.

Ein flüchtiger Beobachter mag sich fragen, weshalb die einfache Aufgabe der Haushaltsführung hier mit dem ernsthaften Problem des Alkoholismus verglichen wird. Das ist eine gute Frage. Oberflächlich gesehen mag es so aussehen, dass ein Mensch, der ein Problem mit der Unordnung hat, eigentlich nur aufräumen und seine Wohnung saubermachen muss.

Diejenigen unter uns, die mit dem Problem der Unordnung zu kämpfen haben, wissen, dass es nicht so einfach ist. Wir haben es so viele Male versucht und sind daran gescheitert, dass wir gar nicht daran denken mögen. Wenn wir versuchen, eine Veränderung herbeizuführen, werden wir mit Ängsten, Perfektionismus, Sentimentalität, Ablenkbarkeit und vielen anderen Hindernissen konfrontiert, die schließlich all unsere Entschlossenheit und Änderungsbemühungen vereiteln.

Das Problem liegt bei uns selbst, nicht in unserem Haus. Das AM-Programm greift das Problem der Haushaltsführung auf, aber es konzentriert sich auf die Wesensart des oder der Messies.

Die Eigenschaften von Alkoholikern, von denen Bill Wilson schreibt, sind den unseren erstaunlich ähnlich. Deshalb sind so viele Konzepte der AA auch für uns anwendbar.

Die Zwölf Konzepte der AM

Um das Augenmerk der AM auf die Gruppenarbeit zu richten, entwickelten die AM 1996 die zwölf Konzepte. Sie beruhen auf vielen grundlegenden Vorstellungen der Zwölf Schritte. Wenn wir mit diesen Konzepten arbeiten, konzentrieren wir uns auf uns selbst und die Persönlichkeitsmerkmale, die uns zu Messies machen. Wir gehen weiterhin von der Voraussetzung der AA aus, dass wir aufhören müssen, Gott zu spielen, indem wir versuchen, zu viel darzustellen, zu vieles aufzuheben und zu viel zu tun. Stattdessen müssen wir unsere Bedürftigkeit eingestehen und uns nach Hilfe ausstrecken.

Wie die Zwölf Schritte und die Zwölf Traditionen handelt es sich um reine Vorschläge. Die Gruppen sind autonom und können jeden Weg beschreiten, den sie für sich als nützlich erkennen, so lange es insgesamt keinen negativen Einfluss auf die AM-Bewegung hat. Doch die Erfahrung zeigt, dass die Konzentration auf die Korrektur falscher Denkstrukturen und die Veränderung destruktiver Gewohnheiten auf einer tieferen Ebene durch die Anwendung dieser Prinzipien der Ausweg aus unserem Problem ist. Während wir uns verändern, verändert sich auch das Haus, weil das, was wir tun, eine Auswirkung dessen ist, was wir sind.

3. Kapitel

Die Kontrolle abgeben

In seinem Buch *Anonyme Alkoholiker – Das Blaue Buch* schreibt Bill W.: »Zunächst einmal mussten wir aufhören, Gott zu spielen. Das funktionierte einfach nicht.« Einer der Gründe, weshalb Messies in solche Schwierigkeiten geraten, liegt darin, dass sie sich weigern, ihre Begrenzungen, ihr Menschsein, anzunehmen. Sie wollen ihr Leben in einem solchen Ausmaß kontrollieren, dass sie und andere, für die sie sich verantwortlich fühlen, sicher sind. Die Ironie liegt darin, dass ein solches Bemühen gerade den gegenteiligen Effekt hat.

Schauen wir uns einige Wesensmerkmale Gottes an, die wir womöglich auf uns selbst anwenden:

1. Wie Gott müssen wir alles im Griff haben

Dieser Wunsch nach Kontrolle ist vermutlich der Hauptgrund, weshalb Menschen zu viele Dinge aufheben und oftmals in Sichtweite herumliegen lassen, wo sie leichten Zugang zu ihnen haben. Es ist einer der Gründe, weshalb wir andere nicht um Hilfe bitten. Wir befürchten, dass sie die Dinge nicht so gut erledigen, wie wir das tun würden. Es ist einer der Gründe, warum wir uns von anderen nicht bei der Organisation helfen lassen, seien es Angehörige, Freunde oder ein professioneller Organisierer. (Jemand anders fasst meine Sachen an? Oh nein! Das sind *meine* Sachen!)

Das Wohnzimmer eines Messie-Bekannten und seines Sohnes ist vollgestopft mit Zeitschriften und anderen Dingen, unter anderem einem alten Toilettensitz, den er eines Tages einbauen wird, vielleicht. Als ein Freund des Sohnes zeitweilig bei ihnen einzog, wollte er ihnen helfen und ein wenig Ordnung in das Zimmer bringen. Er stapelte die Zeitschriften fein säuberlich in einem Schrank im Schlafzimmer und brachte auch andere Dinge in anderen Zimmern unter. Als der Vater nach Hause kam, war er sehr ärgerlich, und der eifrige junge Mann musste alles wieder ins Wohnzimmer zurückbringen. Als er nach dem Grund gefragt wurde, sagte er in einem Tonfall, der bestenfalls als Knurren bezeichnet werden kann: »Weil es *meine Sachen* sind.«

Ein Grund, warum Messies so erpicht darauf sind, ihre Besitztümer zu kontrollieren ist, dass sie das Gefühl haben, die Dinge hätten eine Art Leben, sie seien irgendwie lebendig. Manchmal leitet sich das Leben, das ihnen angeblich innewohnt, aus uns selbst ab. Bücher, die wir gelesen haben, enthalten ein klein wenig von unserer Persönlichkeit, und wenn wir sie fortgeben, verlieren wir ein klein wenig von uns selbst. Jeder Gegenstand, den wir benutzen, hat ein wenig von unserem Leben in sich oder an sich, und ist so in gewisser Weise heilig.

Manchmal enthalten unsere Habseligkeiten auch ein wenig von der Persönlichkeit anderer Menschen. Diese Aufsätze haben unsere Kinder geschrieben. Also enthält dieses Papier ein wenig von unserem kleinen Jungen, der heute ein Mann ist. Wie könnten wir das aus unserem Leben schaffen! Unser verstorbener Onkel hat uns diesen Gegenstand geschenkt. Und dies hat unsere Mutter als Hochzeitsgeschenk erhalten. Wir bewahren nicht nur ihre sterblichen Überreste auf, wir erhalten ihr Leben in Dingen, die sie einmal besessen haben, selbst, wenn sie unsere eigene Lebensqualität beeinträchtigen oder zerstören.

Es ist also in Wirklichkeit so, dass wir, die wir so sehr die Kontrolle über alles haben wollen, am meisten außer Kontrolle sind, weil wir uns selbst nicht im Griff haben. Jemand hat einmal gesagt, dass, wenn wir uns nicht von unserem Besitz trennen können, diese Dinge uns besitzen. Kein sehr gottähnliches Bild.

2. Wir glauben, wir müssten perfekt sein, wie Gott

Als die Anonymen Messies gegründet wurden, begriff ich intuitiv, dass die Tendenz zum Perfektionismus ein Wesensmerkmal war, das ernsthaft zu unserem Problem beitrug, weil ich es sehr stark in mir selbst verspürte. Seit dieser Zeit hat sich mein Verdacht in vielfacher Weise bestätigt.

Ich entsinne mich an eine Grafikdesignerin in Chicago, die mir berichtete, dass sie ihre Projekte immer zu spät einreichte, weil sie sich nie sicher war, dass sie so gut waren, wie sie sein könnten. Sie glaubte, es sei ihre Verantwortung, perfekt zu sein. Wie kann man sagen, wann ein Bild »perfekt« ist? Sie übersah dabei, dass das verspätete Einreichen ihrer Arbeiten auch nicht perfekt war.

Betty lässt alle Dinge frei herumliegen, bis sie die perfekten Behälter für sie gefunden hat. Sie müssen quadratisch sein. Sie müssen genau die gleiche Größe haben wie ihre Sachen und ihr Lagerraum. Wenn sie in eine andere Stadt kommt, macht sie sogleich die entsprechenden Fachgeschäfte ausfindig, die Kisten und Behälter in allen Größen und Variationen führen. Aber sie kann nur eine begrenzte Menge im Flugzeug transportieren. Und ohne die genauen Maße ihrer Schränke und der Dinge, die sie darin unterbringen will, kann sie nie sicher sein, dass die Behälter, die sie kauft, genau die richtigen sind.

Einem solchen Perfektionismus liegt Angst zugrunde. Wir haben immer auf unsere lässigen Mitmenschen herabgeblickt, die im Zustand der Ordnung lebten. Dabei merkten wir nicht, dass wir, die so stolz darauf waren, »alles richtig« oder lieber gar nichts zu machen, tief in unserem Innern Angst hatten. Nicht gerade sehr gottähnlich.

Wegen dieser Angst ist es so schwer, aus dem Perfektionismus auszubrechen. Wir geraten in Panik, wenn wir eine falsche Entscheidung treffen, und so entscheiden wir uns lieber überhaupt nicht. Wir haben Angst, uns von etwas zu trennen. Vielleicht können wir es später noch einmal gebrauchen. Das wäre dann eine falsche Entscheidung, und das können wir nicht ertragen. Wir treffen immer perfekte Entscheidungen.

Ich unterhielt mich einmal mit einem Mann, der kein Messie war. Er sagte mir, dass er, wenn eine Schublade voll von Sachen war, die er gar nicht benutzt hatte, er die ganze Schublade nahm und alles in die Mülltonne warf. »Es ist mir egal, ob Geld, Familienfotos oder was immer darin ist. In dieser Schublade haben sie mir sowieso nichts genutzt, also raus damit.« So drastisch werden wir wohl nicht vorgehen wollen, aber verglichen mit dem Zwang zum Perfektionismus, ist das doch wie eine Brise frische Luft.

3. Wie Gott wollen wir gleichzeitig in der Vergangenheit, Gegenwart und Zukunft leben

Messies haben ein Problem mit Grenzen im Allgemeinen. Das trifft besonders in Bezug auf zeitliche Grenzen zu. Es fällt uns schwer, uns mit der Tatsache anzufreunden, dass wir nur in der Gegenwart leben können. Wir versuchen, die Vergangenheit mit Hilfe von Erinnerungsstücken, Büchern, die wir gelesen, Briefen, die wir erhalten, und selbst solchen Dingen wie Quittungen, Broschüren und anderen unwichtigen Dingen am Leben und gegenwärtig zu erhalten. Diese Dinge haben keinerlei Wert in sich, außer dass sie uns an eine längst vergangene Zeit unseres Lebens erinnern. All diese Dinge sind ein Beweis dafür, dass wir gelebt haben.

Jeder Gegenstand, der in der Vergangenheit für uns wichtig war, behält diese Wichtigkeit. Wir scheinen nicht in der Lage zu sein, weiterzugehen und diesen Aspekt unseres Lebens hinter uns zu lassen.

Aus Furcht vor Kontrollverlust heben wir Dinge für die Zukunft auf. Wir sammeln merkwürdige Dinge, die wir vielleicht einmal brauchen können. Wir glauben, diese seltsamen Sammlungen einmal zu brauchen, weil wir wissen, wie kreativ wir sind. Wir können nicht voraussagen, wann diese Kreativität in unerwarteter Weise hervorbricht, und so heben wir dieses Zeug für zukünftige Inspirationen auf. Wir können nicht sicher sein, dass wir das haben, was wir in Zukunft brauchen werden, wenn wir jetzt nicht alles aufheben.

Dann sorgen wir auch für etwaige Notfälle vor. In einem solchen Fall haben wir die notwendige Ausrüstung hinten im Kleiderschrank oder im Keller oder sonstwo. (Wo *sind* die Sachen eigentlich?)

Auch wollen wir die Gegenwart irgendwie sichtbar machen. Wir wollen eine Aussage treffen, wer wir sind, indem wir symbolische Gegenstände in unser tägliches Leben einbauen. Ob wir sie benutzen oder nicht, wir heben Nähzeug auf, Sportausrüstungen, Mal- und Bastelutensilien, oder was immer eine Aussage über uns als Person treffen kann. Es fällt uns schwer, ohne diesen Zierrat zu akzeptieren, wer wir sind. Wir wollen unserem Tun und Sein keine Grenzen setzen. Vielleicht können wir im Laufe unseres Lebens vielen dieser Interessen nachgehen. Aber wir wollen sie alle und zwar sofort. In diesem Bereich und in vielen anderen wollen wir unsere Grenzen nicht annehmen.

Mittlerweile sind wir in der Gegenwart unglücklich, weil die Vergangenheit, die Zukunft und die falsche Gegenwart verhindern, dass wir ein Leben frei von diesem Plunder führen.

Nur Gott, der in Vergangenheit, Gegenwart und Zukunft gleichzeitig lebt, kann das tun, was wir zu tun versuchen. Deshalb funktioniert es bei uns nicht. Wir sind schließlich nicht Gott.

4. Wir wollen zu viel wissen

Eines der Wesensmerkmale von Messies ist der starke Drang nach Informationen. Wir lieben Bücher, Zeitschriften, Zeitungen und Gedrucktes aller Art. Wir lieben Kurse, Nachrichtensendungen und Dokumentationsfilme.

Unsere Welt ist eine Welt der Informationen. Es gibt jedoch keinen Menschen, der auch nur einen Bruchteil von allem zur Verfügung stehenden Wissen weiß. Und doch versuchen wir das. Wir strengen uns ungeheuer an, alles zu erfassen, indem wir Sendungen mit dem Videorecorder aufnehmen, Artikel ausschneiden und Dinge einordnen.

Von dieser Art Sucht ist auch Catherine befallen, die mir schreibt, warum sie meine Bücher nicht lesen kann. Sie schreibt, sie habe ein Regal mit siebenunddreißig Büchern, von denen »ich jeweils drei Seiten, zwei Kapitel, das halbe Buch oder überhaupt nichts gelesen habe!« Sie fährt fort: »In meinem Bad habe ich eine Kiste, die mit alten Zeitschriften gefüllt ist, die ich alle noch lesen will.« Und sie berichtet von einem Stapel von achtzehn Büchern und Mitteilungsblättern, die sie auch noch lesen will und fügt hinzu: »Ich wage nicht, einen Blick darunter zu werfen.« Sie beschreibt nun, wie sie mit diesen Schriften im Bad umgeht: »Links sind einige Taschenbücher (sie führt fünf auf). Immer, wenn ich auf die Toilette gehe, lese ich, soviel ich schaffe. Während des Abendessens lese ich die Zeitung, während gleichzeitig die Nachrichten im Fernsehen laufen. Um die Mittagszeit bearbeite ich die Berge von Post und werfe alles ungeöffnet fort, von dem ich schon ahne, was drinsteht ... ich kann mit dem Eintreffen der Mitteilungsblätter gar nicht mehr mithalten. Ich versuche es, aber ich bin immer im Hintertreffen.«

Dann berichtet sie von ihrem Zeitplan. »Ich lebe nach der Uhr. Alles geht nach Zeit ... ich arbeite in Einheiten von fünfzehn Minuten. Eine Stunde ist viel zu überwältigend.«

Ihre eigentliche Klage kommt am Ende des Briefes. »Es ist hauptsächlich mein Büro, das ich unbedingt in den Griff kriegen will. Ich habe etliche Kisten in der Garage und neun hier. Sie sind voll von Papierkram, den ich erledigen muss. Ich beschwöre mich: Falls ich täglich eine Viertelstunde vor dem Frühstück darauf verwenden würde, Papiere zu ordnen (wegzuwerfen, etc.), hätte ich in drei oder vier Jahren alles aufgeholt. Dann könnte ich die drei überquellenden Buchregale angehen.«

Am Ende des Briefes erklärt sie ihr System. »Jahrelang habe ich einen Kurzschriftblock benutzt. Jeden Tag ein neues Blatt für die jeweils wichtigen Dinge, die zu erledigen sind. Täglich ungefähr achtzehn. Sehr selten kann ich mehr als ein paar Punkte abhaken. All das drückt mich nieder; ich bin jeden Tag ein bisschen mehr im Hintertreffen als am Tag zuvor.«

Die Ärmste! Mich deprimiert es schon, wenn ich von ihrer Situation lese. Das ist nicht der einzige Brief dieser Art, den ich erhalten habe, und es wird auch nicht der Letzte sein. Ihre Situation ist recht extrem. Ich greife sie jedoch heraus, um den starken Drang nach Informationen herauszustellen, dem viele von uns verfallen sind.

Nur Gott weiß alles. Wir können uns entspannen und unsere Begrenztheit akzeptieren. Die Nachrichten sehen, dabei lesen und gleichzeitig essen! Da braucht jeder eine Verschnaufpause! Ich möchte Catherine und allen, die ihr ähnlich sind, vorschlagen, mit diesem Wahnsinn aufzuhören. Gestehen wir uns doch ein, dass wir einfach nur Menschen sind, und die Welt sich auch weiterdrehen wird, wenn wir nicht mit allem Schritt halten.

Werfen Sie das Handtuch! Das musste ich auch tun. Vor langer Zeit ging ich auf Entzug. Ich bestellte die Zeitung und alle Zeitschriften ab. Heute werfe ich unerwünschte Mitteilungsblätter weg. Ich sehe mir nicht jeden Tag die Nachrichten im Fernsehen an, weil ich auf dem Weg zur Arbeit Radio höre, und ich finde, dass mir das vollkommen genügt. Ich habe mit der Informationsflut gebrochen. Welch eine Erleichterung, kein verzerrtes Rollenbild einer Renaissancefrau sein zu müssen. Meine persönliche

Welt ist viel besser und, wie ich Catherine schrieb, die Außenwelt hat das noch nicht mal bemerkt. Es geht ihr sehr gut, auch ohne dass ich ein wachsames Auge auf sie werfe – so gut eben, wie es ihr schon immer gegangen ist.

5. Wir tun zu viel

Allein Gott ist allmächtig und kann alles tun. Wir können das nicht, aber viele von uns versuchen es immer wieder. Wir sind fantasievoll, sensibel, kreativ, verantwortungsbewusst und haben viele andere gute Eigenschaften. Wir bemühen uns, all unsere Fähigkeiten zu nutzen, aber wir haben nur ein begrenztes Maß an Zeit und Energie. Hier werden wir wieder einmal exzessiv.

Das veranschauliche ich gern am Beispiel der Ringelblumen. Wenn zu viele Ringelblumen in ein kleines Beet gepflanzt werden, nehmen sie einander beim Wachsen die Lebensenergie weg. Wir erhalten dann eine hässliche Zusammenstellung bleicher und langstieliger Blumen. Das Beet hätte zu einem frühen Zeitpunkt ausgedünnt werden sollen, damit jede Pflanze sich optimal entwickeln kann. Dasselbe geschieht auch, wenn wir unsere Aktivitäten nicht einschränken. Wir versuchen dann, drei Leben in eines zu pressen. Das verwirrende und blutleere Leben, das wir führen, zeigt, was wir durch unseren Übereifer anrichten.

Wählen Sie unter den vielen einige wenige Aktivitäten aus. Legen Sie sich hier fest und begrenzen Sie sich. Entscheiden Sie, was Ihnen wirklich wichtig ist. Lassen Sie viel Gutes fallen, damit das Beste sich optimal entwickeln kann. Das erfordert die Art der Entscheidungsfindung, die wir gern vermeiden, weil wir Angst haben, die falsche Entscheidung zu treffen. Doch auf diesem Weg weiterzumachen ist mit Sicherheit die falsche Entscheidung. Wir müssen also innehalten, die Dinge abwägen und beginnen, unsere Aktivitäten einzuschränken.

6. Weil wir sein wollen wie Gott, kümmern wir uns zu sehr um andere

Wir vernachlässigen uns selbst, weil wir uns zu viel Zeit für andere nehmen. Eine Zeitung in Tennessee schrieb einmal einen Wettbewerb für die unordentlichste Garage aus. Über die Gewinnerin schrieben sie: »Die Bewohnerin von Tullahoma erhält den ersten Preis für ihre selbstlose Haltung gegenüber ihren Mitmenschen und die völlige Vernachlässigung ihrer eigenen Behausung.« Sie wird folgendermaßen zitiert: »Sie sehen, wir sind alle sehr beschäftigte Leute, und mir geht es mehr darum, anderen zu helfen, als mich um mich selbst zu kümmern. Ich habe einfach nicht die Zeit, mich um die Dinge hier zu kümmern, und so sammelt sich das ganze Zeug eben an.«

Der zweite Gewinner gab als einen der Gründe, weshalb er alles, besonders Werkzeuge aufbewahre, an, dass er seinen Freunden helfen wolle. »Wenn sie etwas brauchen, stehen die Chancen gut, dass ich es habe.« Bei der Frau, die den dritten Preis gewann, leben ein paar Waschbären unter dem Stapel von Ramsch in ihrer Garage. Sie schrieb an die Zeitung: »Wenn wir alles aufräumen würden, wo würden dann die Tiere leben?«

So führte der Wunsch, anderen zu helfen – auf Kosten der eigenen Unordnung – jeden dieser drei erklärten Messies immer tiefer in ihr Chaos hinein. Natürlich sollten wir anderen helfen, aber erst, nachdem wir selbst gestärkt sind. Die Stewardessen in einem Flugzeug weisen die Passagiere an, bei Sauerstoffmangel die Sauerstoffmaske zuerst über die eigene Nase zu stülpen und dann erst über die ihres Kindes.

Anderen zu helfen und unsere eigene Entwicklung und unser Wachstum zu vernachlässigen, ist eine unangebrachte Selbstaufgabe. Menschen wie die in diesem Wettbewerb, die das tun, »kümmern« sich in ungesunder Weise um andere. Wie viele von uns, müssen sie dieses übermäßige Verantwortungsbewusstsein fahren lassen und die Waschbären, die Nachbarn und manch andere Taten der Nächstenliebe Gottes Sorge sein lassen. Wir sind nicht für das Wohl der ganzen Welt verantwortlich. Wir haben unsere Grenzen und können nur begrenzt in unserem kleinen Einflussbereich wirken, und das sollten wir auf kluge Weise tun.

An dieser Stelle möchte ich auch erwähnen, dass wir oft unser eigenes Leben armselig leben, weil wir versuchen, das Leben zu leben, das jemand anders uns gegeben hat. In gewisser Weise leben wir dessen Leben. Das kann ein Vater oder eine Mutter sein. Vielleicht war es für Mutter vor vierzig Jahren wichtig, bestimmte Dinge zu besitzen, oder Dinge auf bestimmte Art und Weise zu tun, und irgendwie stecken wir nun mitten in ihrem Leben und ihren Wertvorstellungen drin, selbst wenn sie nicht in unser Leben und in unsere Zeit passen. Es erübrigt sich eigentlich, noch einmal zu erwähnen, dass wir einzig und allein dafür verantwortlich sind, unser eigenes kleines Leben so gut zu leben, wie wir können.

7. Wir versuchen stark zu sein wie Gott und sind stärker als uns gut tut

Messies können mehr Missstände ertragen als die meisten Menschen. Wir sind durch unser Problem isoliert. Wir können nichts mehr finden. Das Haus sieht feindlich aus, und wir fühlen uns nicht wohl darin. Unsere Selbstachtung sinkt. Andere wären schon längst ausgerastet, wenn sie mit einem solchen Chaos leben müssten wie wir. Sie wären verrückt geworden angesichts der Probleme mit Banken, Planung, Steuern und Ähnlichem, mit denen wir schon jahrelang leben. Kurz, sie hätten sich nicht mit einem solchen Leben abgefunden.

Doch wir ertragen geduldig »die Schlingen und Pfeile des unerhörten Schicksals« – zu unserem eigenen Schaden. Manchmal werden wir sogar von den Problemen stimuliert, weil unser Durchhaltevermögen beweist, wie widerstandsfähig wir sind.

Nur gelegentlich sind wir angeekelt und empört genug, um unsere Kräfte für einen wütenden Widerstand zu sammeln. Aber der ist oft nur kurzlebig. Bald fallen wir wieder in die Duldsamkeit für unser selbstschädigendes Verhalten zurück. Erst, wenn wir endgültig am Boden zerstört sind und gleichzeitig einen Ausweg aus unserem Morast sehen, können wir eine langfristige und dauerhafte Veränderung in die Wege leiten.

Die andere Seite der Medaille

Bill W. schreibt in seinem Buch *Zwölf Schritte und Zwölf Traditionen*, dass die AAs schockiert waren, als man Alkoholiker untersuchte und zu dem Schluss kam, dass »die meisten der untersuchten Alkoholiker ... grandios, schwülstig und hochfliegend waren«. Wir haben soeben gezeigt, dass auch Messies zu diesen Wesenszügen neigen.

In deutlichem Gegensatz zu unserer grandiosen Seite werden wir, wenn wir unsere Beweggründe erforschen, wahrscheinlich feststellen, dass vieles von dem, was wir tun, aus der übertriebenen Furcht heraus geschieht, dass wir mehr tun, behalten, haben und sein müssen als andere, damit wir uns selbst etwas beweisen können. Diese Haltung entsteht aus dem tiefsitzenden Argwohn, dass wir andere übertreffen müssen, um angenommen zu werden.

Wenn wir während des AM-Programms wachsen und reifen, werden wir allmählich akzeptieren, dass wir unseren Wert nicht durch die außergewöhnlichen Maßnahmen beweisen müssen, die uns in dieses Chaos hineingetrieben haben. Wir wollen nicht mehr der Bibliothekar, Versorger, Sammler, freiwillige Helfer oder Museumswärter sein oder was immer unsere besondere Art ist, uns selbst und anderen zu beweisen, dass wir es verdienen, auf dieser Erde zu leben.

Welch eine Erleichterung ist die Erkenntnis, dass wir uns nicht vor Eifer überschlagen müssen, um von uns selbst und anderen geliebt zu werden. Dankbar erkennen wir, dass in dem Maße, wie unser Denken in ein gesundes Gleichgewicht kommt, uns mehr noch als zuvor Liebe und Achtung entgegengebracht werden.

Gott liebt uns und hat in dieser Welt einen Platz für uns, der es nicht erforderlich macht, dass wir unsere Mitmenschen übertreffen. Wenn wir aufhören, uns ständig zu bemühen, uns selbst zu beweisen, finden wir die Kraft und Vision, wirklich wir selbst zu werden. In gewisser Weise ist es nicht der Esszimmertisch, der aufgeräumt vor uns steht, wenn wir erst einmal den Ramsch aus unserem Leben entfernen, sondern vielmehr unser wahres Selbst.

Der schwierigste Teil bei allem ist der Kontrast zwischen den beiden Seiten unseres Wesens, die grandiose Seite und die unreife Seite der Angst. Wir denken expansiv und großartig, leben aber beschämend. Wir versuchen, sehr autark zu leben und sind am Ende doch sehr abhängig. Wir streben in unserem Geist hehre Ziele an, doch in der Realität unseres täglichen Lebens sieht es öde aus. Das verursacht dann den wahren Schmerz. Aber es ist Hilfe da. Wir können beide Extreme aufgeben und in einem Leben in Ausgewogenheit und Harmonie zur geistigen Gesundheit finden.

Das war ein hartes Kapitel. Eines der zwölf Konzepte, von denen Sie im sechsten Kapitel lesen werden, ist Selbsterkenntnis. Ein anderes ist Ehrlichkeit. Vielleicht werden diese beiden Konzepte manche von uns dazu veranlassen, eine tiefgehende und furchtlose moralische Inventur zu machen, wie der vierte Schritt vorschlägt. Treffen irgendwelche dieser Eigenschaften auf mich zu? Beeinträchtigen sie meinen Genesungsprozeß vom Chaos zur Ordnung? Nehmen wir noch ein weiteres Konzept, das der Veränderung. Bin ich gewillt, diese destruktive und grandiose Tendenz, mehr sein zu wollen, als ein menschliches Wesen versuchen sollte zu sein, fahren zu lassen, meine Begrenzungen zu erkennen und anzufangen, wahrhaft im Licht meiner begrenzten Menschlichkeit zu leben? Bin ich bereit, der Furcht ins Auge zu sehen, die mich, in dem Bemühen, mich selbst zu beweisen, dazu getrieben hat, unvernünftige Dinge zu tun? Es wird eine Erleichterung sein, vom Podest herunterzusteigen und aufzuhören, so perfekt sein zu

wollen. Wie Bill W. schrieb: »Zuerst einmal mussten wir aufhören, Gott zu spielen. Das funktionierte nicht.«

Wir brauchen nicht effizienter zu sein, sondern effektiver. Nicht
perfekter, sondern gesünder. Wir brauchen nicht unser Tun zu
verbessern, sondern müssen an unserer Persönlichkeit arbeiten. In
unserem Fall ist weniger wirklich mehr. Wir müssen, wie es im
sechsten Schritt heißt, »all diese Charakterfehler beseitigen« lassen. Wenn wir unseren Eigensinn aufgeben und unseren Wunsch,
unseren Willen durchzusetzen, werden wir merken, dass sich
unsere Lebensqualität verbessert. Diese Art der Veränderung ist
nicht leicht zu akzeptieren, aber es ist bemerkenswert, wie aufge-
schlossen ein verzweifelter Messie sein kann.

4. Kapitel

Das Wesen des Genesungsprozesses

Extremisten

Wir Messies neigen zu Extremen. Wir überschlagen uns vor Eifer und scheinen doch nichts zuwege zu bringen. Wir heben zu vieles auf und haben doch nicht, was wir brauchen. Wir versuchen, einen gewaltigen Beitrag zum Wohl der Welt zu leisten und können kaum für uns selbst sorgen. Wir träumen große Träume und planen große Projekte, haben aber Mühe, eine einfache Tätigkeit zu Ende zu führen. Wir engagieren uns womöglich für ein Welthungerprogramm, haben aber Mühe, für unsere eigene Familie das Essen auf den Tisch zu bringen. Wir setzen uns für das Elend der Obdachlosen ein, während wir das Elend in unserem eigenen Heim nicht beachten. In gewisser Weise sind viele von uns obdachlos, obwohl wir eine Wohnung oder ein Haus haben. Wir sind voller Widersprüche.

Perfektionisten

Wir sind auch Perfektionisten. Bei uns gibt es nur ein »Entweder – Oder«. Unsere Maßstäbe sind extrem hoch angesetzt. »Tu es richtig oder überhaupt nicht« ist unser Motto. Weil wir nicht in der Lage sind, unsere hohen Maßstäbe zu erreichen, fangen wir eine Sache überhaupt gar nicht erst an. Unser Haus sieht nicht gerade aus, als seien wir Perfektionisten. Aber so ist es. Es ist einer unserer Hauptfehler. Wir legen zu hohe Maßstäbe an. Irgendwo tief in unserem Innern vermuten wir, dass wir mehr tun können, als ein menschliches Wesen tun kann. Ganz, ganz tief in unserem Innern glauben wir, wir seien anders als andere. Wir glauben, wir könnten mit allen Regeln der Organisation brechen, ohne dass es gravierende Folgen hat.

Dieser Gedanke ist größtenteils unbewusst, obwohl ich, die für die meisten Dinge ein schlechtes Gedächtnis hat, mich an eine bestimmte Zeit in meinem Leben erinnern kann, als ich – im Alter von einundzwanzig Jahren mit einem eigenen Hausstand – beschloss, nicht den üblichen Regeln der Organisation folgen zu müssen, die ich in meiner Familie so erfolgreich angewandt gesehen hatte. Ich war eben anders. Ich würde mehr sparen, benutzen, lesen, tun, Erfolg haben, mich kümmern, mehr Menschen helfen, mehr organisieren – ja, ich würde ein übermenschliches Wesen sein. Hier war ich, eine junge Frau am Beginn eines wunderbaren Lebens. Das war meine enthusiastische Strategie für einen Senkrechtstart ins Leben. Für mich würde es keine Mäßigung geben. Ich würde andere übertreffen. Ich wusste nicht, dass ich auf diese Weise in eine Katastrophe hineinschlitterte. Nach diesem Plan bewegten sich mein Haushalt und mein Leben sofort senkrecht abwärts. Aber ich war so sehr von meiner Fähigkeit überzeugt, und so auf mein hehres Streben fixiert, dass ich dreiundzwanzig weitere Jahre dieser chaotischen Verrücktheit brauchte, bevor ich zur Realität erwachte und mich geschlagen gab. In der Terminologie der AA war ich am Ende.

Am Ende

In meinen anderen Büchern habe ich die Schritte beschrieben, die mich dazu führten, endlich der Realität ins Auge zu sehen. Aber ich wusste nicht, wie ich es besser machen sollte. Ich hatte weder eine Freundin, noch eine Gruppe, die mich unterstützen konnten. Alles was ich hatte, war Verzweiflung und Wut, die mich daran hinderten, wieder zu der alten Lebensweise zurückzukehren. Mehrere Monate kämpfte ich um meine Situation, allein und stumm. Ich hatte Angst, jemand anderen von meiner inneren Veränderung zu erzählen, damit nicht, wie bei einem Luftballon, irgendeine undichte Stelle die Energie meines Entschlusses verpuffen ließ. Langsam ging eine Veränderung mit mir vor, und sehr langsam veränderte sich auch der Zustand des Hauses. Nicht nur oberflächlich, sondern von innen heraus. Ich hatte auch früher schon plötzliche Anwandlungen gehabt, den chaotischen Zustand meines Hauses zu verändern, aber die hatten nie lange angehalten. Diese langfristige Verbesserung war eine neue Erfahrung für mich.

Erstes Konzept: »Wir sind machtlos gegenüber unserer Ansammlung von Dingen, unsere Alltagsgestaltung ist außer Kontrolle geraten, und wir bekommen unseren Haushalt nicht in den Griff.« Oder mit den Worten der Zwölf-Schritte-Terminologie lautet der erste Schritt: »Wir gaben zu, dass wir gegenüber Unordnung, Desorganisation und der Ansammlung von nutzlosem Krempel machtlos waren – und unser Leben nicht mehr meistern konnten.« Das hatte ich zugeben müssen. Und das war der Anfang der Veränderung.

Der AM-Ansatz

Bill W. hatte recht, als er instinktiv erkannte, dass das Problem im Grunde in unserer eigenen Persönlichkeit liegt. Wenn wir unsere eigenen Bemühungen aufgeben, alles »besser machen« und uns »verstärkt bemühen« zu wollen, und uns stattdessen den Problemen unserer eigenen Persönlichkeit zuwenden, die die Ursache für das Problem mit dem Haushalt sind, unseren Denkgewohnheiten und unseren Gefühlen, dann sind wir auf dem richtigen Weg. Wir wollen nicht länger eigensinnig versuchen, mit dem Chaos weiterzuleben und immer wieder sagen: »Das ist verrückt!« Wir sind bereit, diese Lebensweise aufzugeben. Das gelingt uns nicht allein, wir brauchen Hilfe von jemandem, der aus eigener Erfahrung weiß, was das alles bedeutet. Also suchen wir Hilfe von außerhalb. Für manche mag die Lektüre von entsprechenden Büchern genügen. Vielleicht reichen sogar AM-Gruppen im Internet oder Kontakte übers Telefon. Doch in vielen Fällen ist es so, dass nur der persönliche Kontakt zu anderen Menschen genügend Unterstützung vermittelt, um uns weiter zu bringen.

Wir Messies sind, wie viele mit zwanghaften Gewohnheiten, dramatische Menschen. Wir haben ein reiches Gefühlsleben. Viele von uns interessieren sich für Kunst, Theater, Lyrik, Philosophie, Schreiben und Künste vielerlei Art. Es ist wichtig, dass wir diesem Teil unserer Persönlichkeit Ausdruck verleihen. Tatsächlich haben wir den Kampf mit der Unordnung oft als Drama inszeniert. Einerseits werden wir durch den täglichen Kampf mit der Unordnung stimuliert. Automatisch formulieren wir unsere Bemühungen mit theatralischen Worten. Deshalb spricht uns das große Drama der Zwölf Schritte sehr an. Damit wir die alte zerstörerische Lebensweise hinter uns lassen können, brauchen wir einen Weg, der uns sinnvoll erscheint, einer, der wichtig genug ist, dass er den Kampf um Veränderung wert ist. Den Zwölf Schritten zu folgen ist für uns wie ein dramatisches Epos.

Das ist gut, weil nur ein derart dramatischer Hintergrund uns den profanen und schmuddeligen Weg aus dem Chaos ertragen lässt, den wir Schritt für Schritt gehen müssen. Nur in diesem Zusammenhang sind wir bereit, der großen Sehnsucht zu trotzen, selbst Gott zu spielen. Wir ersetzen das Drama der Unordnung durch das Drama der Veränderung.

Drama ergibt einen Sinn für uns. Aufgabenlisten, Zielsetzungen, Schritt für Schritt – Anleitungen entsprechen nicht unserer Sprache. Wir verstehen sie und nutzen sie sogar, aber sie allein können uns nicht motivieren. In gewisser Weise lieben wir sogar die Aufregung, die uns die Katastrophen verschaffen, mit denen wir fertig werden müssen, wenn wir so im Chaos leben. Aber wir können nicht ständig mit den Adrenalinstößen dieser Verwirrung leben. Langsam fordern sie ihren Tribut. Dann geben wir unserem Leben langsam, aber sicher, eine neue Wendung. Wir beginnen, uns an der Gelassenheit zu freuen, die uns anfangs ganz ungewohnt erscheint. Durch ständige Wiederholung beginnen die Schritte, Slogans und Konzepte in uns Wurzeln zu schlagen. Wir beginnen, unsere Sehnsucht nach dem Grandiosen in Frage zu stellen und akzeptieren, dass »immer sachte« der bessere Weg ist.

Wegen unserer Sehnsucht nach dem Dramatischen wird eine bloße Zusammenkunft, um Tipps zur Haushaltsführung auszutauschen, nicht greifen. Obwohl wir eine Anleitung für die einfachsten Organisationstechniken brauchen, da wir so wenig Erfolg auf diesem Gebiet vorzuweisen haben, gilt immer noch, dass nicht die Haushaltsführung das Problem ist. Wir sind das Problem, nicht das Haus. Nur, wenn wir uns auf die zugrundeliegenden Konzepte unseres Problems konzentrieren, und wie sie sich auf die Veränderungen anwenden lassen, die wir vornehmen wollen, werden wir Fortschritte erzielen und das große Ziel erreichen – ein harmonisches und angenehmes Leben führen zu können.

Bill W. hatte recht. Er sprach mit den AAs nicht darüber, wie sie wieder in ihren Beruf einsteigen, bessere Ehemänner oder verantwortungsvolle Staatsbürger werden konnten. Stattdessen redete er davon, dass etwas außer Kontrolle geraten war, über geistige Gesundheit, eine Macht, die größer ist, als wir selbst, Bekenntnis, Wiedergutmachung und spirituelles Erwachen. Das sind mächtige Worte. Die AA wurden nie müde, Bills Geschichte zu hören, von seinem geistigen und körperlichen Verfall, dass er nur noch ein Jahr zu leben hatte, seiner »Erleuchtung« im Towns Hospital, seinem Zusammentreffen mit Dr. Bob und den Anfängen der AA. Diese Geschichte wurde liebevoll als »Gutenachtgeschichte« bekannt. Die betroffenen Menschen liebten sie und veränderten sich.

Der erste Teil des AM-Programms ist also, dass wir unsere Unabhängigkeit aufgeben, und laut und deutlich zu uns selbst sagen: »Ich gebe auf! Ich gebe zu, dass ich gescheitert bin. Ich schaffe das nicht!« Ich tat das zähneknirschend nach dreiundzwanzig Jahren fruchtloser Bemühungen. Dreiundzwanzig lange, frustrierende, lähmende Jahre im Chaos, die meinen stärksten Bemühungen trotzten. Verschwunden waren die grandiosen Vorstellungen, dass ich alle Regeln der Ordnung brechen könnte, ohne dass das Folgen hätte. Das war nicht möglich.

Der Schlüssel zur Veränderung ist Demut.

Kontakte schaffen

Wie Bill W. hatte ich, während ich so allein mit meiner Situation kämpfte, den instinktiven Wunsch, mit anderen Kontakt aufzunehmen, die sich womöglich in einer ähnlichen Lage befanden. Tief in meinem Innern hatte ich das Gefühl, dass ich vielleicht mit meinem Problem allein dastand. Mit Unordnung und Chaos zu leben ist eine so geheimgehaltene, beschämende Angelegenheit, dass man möglichst nicht darüber spricht. Wie berichtet, setzte ich eine Kleinanzeige in die Lokalzeitung, und es kamen zwölf Leute zu unserem ersten Treffen. Es war keine klassische Zwölf-Schritte-Zusammenkunft. Wie bereits gesagt, ich wusste damals gar nichts von einem Zwölf-Schritte-Programm.

In dieser kleinen Gruppe spürte man, was bei jedem Zusammentreffen von »Leidenden« zutage tritt, ein Mitgefühl für den Schmerz und den Kampf des anderen, das niemand, der außerhalb dieses Problems steht, überhaupt verstehen kann. Doch das Beste war, dass wir endlich darüber reden konnten. Wir konnten über Dinge in unserem Leben lachen, die nur wir verstanden. Diese Offenheit und das Lachen waren eine Herausforderung für die Macht unserer »Sucht«. Wir konnten über unsere Angst,

Frustration und Beschämung sprechen. Später konnten wir einander auch an unseren Erfolgen und Einsichten teilhaben lassen. Zögernd konnten wir gemeinsam vorwärtsgehen, während wir aus der Einsamkeit heraustraten und ein Programm entwickelten, das wirklich funktionierte.

In der griechischen Tragödie *Medea* rät eine Frau davon ab, sich allein mit Problemen herumzuschlagen. »Wir Griechen glauben, dass die Einsamkeit sehr gefährlich ist, große Leidenschaften werden zu Ungeheuern im Dunkel des Geistes; aber wenn man sie guten Freunden anvertraut, bleiben sie menschlich, sie können ertragen werden.« Unsere Ungeheuer waren auf dem besten Weg, vertrieben zu werden. Eine neue Frische und Kraft kehrte in unser Leben ein.

Zuerst dachten wir an nichts anderes als an die Unordnung; wie wir in diesen Zustand hineingeraten waren, und wie wir wieder herauskämen. Erst später begannen wir, uns mit der tieferen Bedeutung des Chaos in unserem Leben zu beschäftigen.

Das Herzstück der Veränderung

Das Herzstück des Veränderungsprogramms besteht aus zwei Teilen. Zunächst einmal geben wir unsere Hilfsbedürftigkeit zu. Diese Hilfsbedürftigkeit geht über den Wunsch nach Ordnung hinaus. Es ist das Bedürfnis, unser Leben in den Griff zu kriegen. Wir müssen über die Alltagswelt hinaus zu einer Transzendenz finden, einem Lebenssinn. Wir haben versucht, Dinge und Aktivitäten zu diesem Zweck zu benutzen. Das hat nicht funktioniert und hat uns in ein nur noch größeres Chaos hineinmanövriert. Nun sagen wir angesichts der Unordnung in unserem Leben und in Bezug auf einen Lebenssinn: »Ich bin bedürftig.« Das ist der Beginn unseres Genesungsprozesses.

Der zweite Schritt besteht darin, diese Transzendenz nicht in Dingen zu suchen, sondern in etwas anderem. Das kann in Verbindung mit einer Gruppe geschehen oder, wie es in den von den

Anonymen Alkoholikern formulierten Zwölf Schritten heißt, in der Verbindung mit Gott. Wir werden die Leere in unserem Leben nicht länger mit Dingen und hektischen Aktivitäten füllen. Wir wenden uns an etwas, das größer ist als wir selbst. An anderer Stelle sage ich mehr über das Wesen dieses »Anderen«. Das Ironische ist, dass viele Messies wegen ihrer Unordnung die Beziehung zu dem verlieren, was sie wirklich brauchen – zu denen, die sie lieben, zu Freunden und Bekannten, statt die Dinge um sie herum fahren zu lassen.

Eine Geschichte, die unsere sinnlose Abneigung gegen Veränderung veranschaulicht, ist der Bericht, wie einige Afrikaner Affen fangen. Sie stecken eine Erdnuss in einen irdenen Krug, dessen Öffnung gerade groß genug ist, dass ein Affe seine Hand hineinstecken kann, um an die Nuss heranzukommen. Doch wenn er die Erdnuss ergreift, ist seine Faust zu groß, um sie aus dem Krug zu ziehen. Obwohl der Affe die Nuss loslassen und sich so befreien könnte, tut er das nicht. Er hält törichterweise die Nuss fest, selbst, wenn er dabei gefangen wird. Hätte er innehalten und nachdenken können, er hätte wohl niemals eine so dumme Entscheidung getroffen. Wir würden ihm am liebsten zurufen: »Lass los, du Dummkopf! Das ist es nicht wert! Lass die Nuss los, dann bist du frei!«

Aber wir sind nicht bei ihm, und er würde ohnehin nicht auf uns hören.

Offensichtlich halten wir, wie dieser Affe, an einer zerstörerischen Lebensweise fest. Wir versuchen auf diese Weise, unseren Bedürfnissen gerecht zu werden, obwohl schon lange klar ist, dass das nicht möglich ist. Das AM-Programm soll Sie ermutigen, loszulassen und die Freiheit zu finden.

Wenn ich Ihnen etwas zurufen könnte, würde ich dieselben Worte rufen wie zu dem Affen: »Lass deine alten Vorstellungen los! Lass sie fahren! Du kannst frei sein!«

5. Kapitel

Die Zwölf Schritte der AM und wie sie funktionieren

Als Bill W. die Zwölf Schritte der AA verfasste, stieß er auf einige mächtige Konzepte, um verzweifelte Menschen zu verändern, die wegen ihres destruktiven Verhaltens in ernsthaften Schwierigkeiten steckten. Sein Thema war natürlich der Alkohol.

Bill W. entwickelte die Zwölf Schritte für Alkoholiker aus seiner eigenen Erfahrung mit dem Alkohol. Diejenigen, die mit anderen selbstzerstörerischen Verhaltensweisen zu kämpfen haben, wie übermäßigem Essen, Spielen, Kaufsucht und, wie in unserem Fall, Unordnung und Chaos, haben in den Konzepten der Zwölf Schritte wertvolle Hilfe gefunden.

Der verzweifelte Wunsch nach Veränderung

Wir haben einen verzweifelten Wunsch nach Veränderung. Wir werden zu den Zwölf Schritten getrieben, weil wir Hilfe brauchen! Niemand schließt sich einem Zwölf-Schritte-Programm an, weil er gerade nichts Besseres zu tun hat. Diejenigen, die in einer solchen Zwölf-Schritte-Gruppe sind, müssen sichergehen, dass ihr Programm groß und stark genug ist, dieser großen Not in ihrem eigenen Leben und in dem der Neuankömmlinge abzuhelfen, die in der Hoffnung auf Hilfe zu der Gruppe stoßen.

Es liegt keine Kraft darin, als Gruppe von desorganisierten Leuten zusammenzukommen und über unsere Unordnung zu klagen. Wenn wir über unsere Erfolgserlebnisse reden, ist es ein wenig besser, doch liegt in einem solchen Programm noch immer nicht genug Kraft für die Veränderungen, die wir zu machen versuchen. Solche Treffen genügen nicht, um verzweifelte, hoffnungslose, ertrinkende Menschen abends aus dem Haus gehen zu lassen, um sich mit ihrer Unordnung zu beschäftigen. »Ich hätte ebensogut zu Hause bleiben und aufräumen können«, mag eine Frau sich sagen, wenn das Treffen ihr nichts gebracht hat. Ob sie nun tatsächlich aufgeräumt hätte oder nicht, so hat sie doch Recht.

Damit wir regelmäßig an den Treffen teilnehmen und zu Hause und an unserer Arbeitsstelle Fortschritte machen, brauchen wir etwas, das kraftvoll genug ist, um uns Hoffnung, Glauben, Inspiration, Stärke und Mut zu vermitteln, um uns unseren Ängsten zu stellen und unser Leben zu ändern. Eine Aufzählung von Versagens- und Erfolgserlebnissen anderer Menschen hat diese Macht nicht. Jemand, der zu einem solchen Treffen kommt und darin keine Kraft findet, ist schlechter dran, als vor diesem Treffen. Er ist mit einem Funken Hoffnung gekommen und ist mit weniger Hoffnung nach Hause gegangen.

Wir brauchen eine Zusammenkunft mit der Kraft der Zwölf Schritte.

Die Kraft der Schritte

Bill W. hatte Recht, wenn er sich auf eine Macht konzentrierte von der Art »eine Macht, größer als wir selbst.« Wenn man sich ihrer zusammen mit den Treffen, den Slogans und anderen Elementen des Zwölf-Schritte-Programms bedient, haben die Zwölf Schritte eine Menge von dieser Macht in sich. Viele haben sich mit Hilfe dieser Schritte von Innen heraus geändert. Die Veränderung, die wir uns für unseren Haushalt wünschen, folgt danach. In ihrem Wesen sind die Schritte so angelegt, dass sie uns von dort wegführen, wo wir nicht sein wollen, zu einem Ziel, das wir im

Sinn haben. Folgen wir diesen Schritten auf dem Weg zu einem schönen, harmonischen und geordneten Haushalt.

Schritt Eins:
Wir gaben zu, dass wir gegenüber Unordnung, Desorganisation und der Ansammlung von nutzlosem Krempel machtlos waren – und unser Leben nicht mehr meistern konnten.

Die Wahrheit zugeben
In diesem Schritt liegt eine große Kraft. Wir wollen nicht länger Entschuldigungen finden und Versprechungen machen, uns zu bessern. Das hat nicht funktioniert. Wir halten inne und geben zu, dass kein noch so starker Versuch die Lage bessern wird. Unser Haushalt ist außer Kontrolle geraten. Schlimmer noch, wir sind außer Kontrolle geraten. Unser Zustand ist nicht vorübergehend, und wir waren auch bisher nicht in der Lage, ihn zu ändern, trotz all unserer Bemühungen. Weinen hat nichts geholfen. Beten hat nichts geholfen. Das Problem ist immer noch schlimm und wird vielleicht noch schlimmer. Für die meisten Leute ist ihr erstes AM-Treffen gleichzeitig das Eingeständnis, dass sie gegenüber ihrer Desorganisation und Unordnung machtlos sind – dass sie ihre Alltagsgestaltung nicht in den Griff bekommen.

Schritt Zwei:
Wir kamen zu dem Glauben, dass eine Macht, größer als wir selbst, uns unsere geistige Gesundheit wiedergeben kann.

Schritt Drei:
Wir fassten den Entschluss, unseren Willen und unser Leben der Sorge Gottes – wie wir ihn verstanden – anzuvertrauen.

Macht

Der zweite und der dritte Schritt lenken unsere Aufmerksamkeit weg von uns selbst und unseren Problemen und richten sie auf »eine Macht, größer als wir selbst«, die in Schritt Drei als Gott bezeichnet wird. In späteren Schriften hat Bill W. dann vorgeschlagen, dass man auch die Gruppe selbst als höhere Macht sehen könnte. Oder die Prinzipien dieser Gruppe. Bill selbst war sich jedoch nie im Zweifel darüber, dass Gott die größere Macht war, die ihm zur Nüchternheit verholfen hatte, als er wegen seines Alkoholkonsums am Rand des Wahnsinns oder Todes stand.

Um denen, die nicht an Gott glaubten, zu helfen, ihre Probleme zu lösen, erinnerte er seine Leser daran, dass die Zwölf Schritte ja nur Anregungen seien, sehr gemäßigte Anregungen, dass eine Gruppe auch einige oder alle dieser Schritte ablehnen und sich dennoch als AA-Gruppe bezeichnen könne. Oder die Gruppe als Ganzes könne an den Zwölf Schritten festhalten, einzelne Mitglieder sich jedoch davon distanzieren. Bill war der Ansicht, dass der Wunsch, trocken zu bleiben, den Alkoholiker bewegen würde, den Prinzipien treu zu bleiben, die ihn und so viele seiner Mitalkoholiker befreit hatten. Ein wichtiger Aspekt war: »Die einzige Voraussetzung für die Zugehörigkeit ist der Wunsch, mit dem Trinken aufzuhören.« Dasselbe Prinzip gilt bei den Anonymen Messies.

Wenn man in einer guten Beziehung zu Gott steht und diese Beziehung auf unser Problem anwendet, wie es in den Zwölf Schritten beschrieben wird, ist das die absolut beste Art und Weise, diese Schritte zu gehen und aus dem Schlamassel herauszukommen, in dem wir uns befinden. Gebet bei jedem Schritt, das Vertrauen, dass Gott uns an jedem Punkt dieser Schritte Kraft verleiht und uns führt, der Glaube an den besseren Weg, der entsteht, wenn wir unser Leben ihm und seinem Willen, nicht unserem, überlassen – das sind helle Lichter auf dem Weg zur Genesung.

Noch mehr Kraft

Gott hat in seiner Gnade noch mehr Hilfe geschaffen, um dem Bedürfnis von Messies entgegenzukommen, die darum kämpfen, ihren chaotischen Lebensstil hinter sich zu lassen. Bill W. und Dr. Bob wurden gestärkt, als sie sich in ihrem Bemühen, vom Alkohol loszukommen, aneinander klammerten. Zuvor hatten sich beide einer kleinen Bibelgruppe angeschlossen, die als Oxford Gruppe bekannt war, und sie blieben auch als trockene Alkoholiker so lange in dieser Gruppe, bis die AA gegründet wurden.

Wie bei den AA ist auch für die meisten von uns die Kraft einer Gruppe wichtig. Bei der Formulierung aller Schritte kommt das Wort »wir« vor. Wir müssen aufhören, diesen Kampf allein auszufechten. Das Gruppentreffen und die Zusammenkünfte außerhalb der Gruppe verleihen uns Kräfte, die uns anders nicht zufließen würden. Die Kraft eines anderen menschlichen Wesens, das uns auch physisch nahe ist, während wir uns auf dem Weg der Genesung befinden, ist ein Phänomen, dass wir bei der Überwindung unseres chaotischen Lebensstils nicht unterschätzen dürfen.

Manche sind der Ansicht, dass wir, da wir uns ja selbst in diese missliche Lage gebracht haben, uns auch wieder aus eigener Kraft aus dem Sumpf ziehen sollten. Sie glauben, dass Messies nicht um Hilfe bitten sollten. Da wir die einzigen seien, die die Folgen einer Unzahl unserer eigenen Entscheidungen, falschen Gefühle und schlechten Gewohnheiten entwirren *können*, die uns überhaupt erst in diese Lage gebracht haben, sei es unsinnig, fremde Hilfe zu suchen.

Aber so funktioniert das nicht. Das Chaos um uns herum ist das Ergebnis verschobener Entscheidungen, die uns zu der Zeit, als wir sie hätten treffen sollen, zu schwer fielen. Nun sind wir aufgefordert, uns all unseren Ängsten zu stellen und unzählige Entscheidungen zu treffen, was wir mit all dem Krempel anfangen sollen. Wir brauchen einen Gefährten, einen Partner, einen Freund, einen, den wir anstellen – irgendjemand, dem wir vertrauen können, und der mit uns in dem betreffenden Zimmer steht, während wir solche Entscheidungen fällen. Dieser Mensch ist nicht in erster Linie aus Solidarität da, zur Entscheidungshilfe oder um uns zu helfen, Sachen zu transportieren, obwohl das alles angemessen ist, wenn es uns hilft. Er oder sie ist da, weil das Organisieren für uns zehn Mal einfacher ist, wenn es eine soziale Komponente hat. Nicht was diese Menschen tun, ist wichtig. Wichtig ist allein, dass sie da sind.

Weil das so hilfreich ist, können Gruppen ihren Mitgliedern am besten dadurch helfen, indem sie einander außerhalb der Gruppentreffen unterstützen durch Anrufe, Zusammenkünfte zu zweit und, wenn möglich, gegenseitige Hausbesuche, um einander bei der Organisation zu helfen. Viele Selbsthilfegruppen arbeiten mit Paten, die neuen Mitgliedern zur Seite stehen. Obwohl der Beistand eines solchen Paten immer hilfreich ist, müssen wir nicht unbedingt ein »fortgeschrittenes« Mitglied an der Seite haben, um vorwärts zu kommen. In neuen Gruppen, in denen alle auf dem gleichen Stand sind, können wir uns mit einem anderen Neuling zusammentun. Uns selbst und unser Haus oder unsere Wohnung zu öffnen, ist ein radikaler Gedanke für jene von uns, die sich viele Jahre lang andere vom Leib gehalten hatten. Aber wenn das die einzige Möglichkeit zur Veränderung ist, welche Wahl haben wir?

Geistige Gesundheit

Im zweiten Schritt begegnen uns diese wunderbaren Worte der Hoffnung, »uns unsere geistige Gesundheit wiedergeben«. Was die Organisation anbelangt, haben wir »ungesund« gelebt. Obwohl viele von uns auf anderen Gebieten ihres Lebens sehr fähig und rational sind, waren wir nicht in der Lage, auf diesem Gebiet klar zu denken. Wir sind uns nicht im Klaren, dass es eine Beziehung gibt zwischen unseren Gefühlen, Gedanken und Einstellungen und dem Zustand unseres Haushalts. Für uns waren das Aspekte wie:

- [ ] zu viele Dinge anhäufen
- [ ] zu viele Dinge tun
- [ ] zu vielen Menschen helfen und dabei die eigenen Bedürfnisse vernachlässigen
- [ ] in der Angst vor peinlichen Situationen leben
- [ ] in Isolation leben
- [ ] unseren Besitz verlieren
- [ ] Probleme mit Rechnungen und Bankangelegenheiten haben
- [ ] wegen des Hauses keine Zeit für andere Dinge haben
- [ ] entmutigt, verzweifelt und deprimiert über unsere Ohnmacht sein.
- [ ] Hinauszögern von Arbeiten
- [ ] Unwille, das perfektionistische Denken aufzugeben, das uns diesen chaotischen Zustand erhalten hat.

Wie viele von uns haben schon Tränen vergossen vor Enttäuschung und Schmerz! Wir wollen gar nicht so leben! Wir haben so oft versucht, unsere Lage zu bessern und sind gescheitert, dass wir nun kaum zu hoffen wagen. Wir haben Angst, dass, wenn wir wieder einen Versuch wagen und merken, dass wir uns nicht ändern können, der kleine Hoffnungsschimmer, den wir noch haben, ganz und gar ausgelöscht wird.

Aber mit den Anonymen Messies ist uns die Möglichkeit der Änderung gegeben. Tapfer versuchen wir, noch ein einziges Mal zu hoffen.

- [ ] Vielleicht können wir diesem Wahnsinn ein Ende bereiten und ein Leben leben, das Ordnung und Schönheit ausstrahlt.
- [ ] Vielleicht können unsere Kinder dann beruhigter zur Schule gehen und stolz sein, ihre Freunde nach Hause einladen zu können.
- [ ] Vielleicht können wir dann Gäste einladen, sie sogar den Flur entlang in unser Schlafzimmer führen, um ihnen etwas im Schrank zu zeigen.

❑ Vielleicht werden dann unsere Rechnungen, Finanzunterlagen und Bankangelegenheiten da sein, wo wir sie leicht finden und benutzen können.

❑ Vielleicht empfinden wir dann ein Gefühl der Selbstachtung, weil wir unsere Zeit, unseren Besitz und unseren Papierkram im Griff haben – und uns selbst. Wir sind nicht mehr gelähmt, wenn wir eine Entscheidung treffen müssen; wir werden nicht mehr sentimental, wenn wir an die Vergangenheit denken oder ängstlich, wenn wir an die Zukunft denken.

❑ Und vor allem wird unser Haushalt vielleicht geordnet und schön sein und uns in unserem Leben stärken und unterstützen, statt ihm Energie zu entziehen, weil es so stressig ist, in all dem Chaos zu leben.

Verlieren Sie nicht den Mut. Viele haben sich schon geändert. Wenn Sie den Schritten folgen, können Sie sich ebenfalls ändern.

Schritt Vier:
Wir machten eine gründliche und furchtlose Inventur in unserem Inneren

Die Schritte Vier bis Zehn geben uns eine Anleitung, wie wir uns ändern können. Ist in ihnen vom Haushalt die Rede? Nicht im Geringsten! Es geht um uns selbst. Wir müssen zu einem bestürzenden Schluss kommen: dass die Verantwortung für dieses Chaos ganz allein bei uns liegt. Wir haben die von uns verhasste Unordnung so sehr selbst geschaffen, als seien wir bewusst darangegangen, unser Leben durch Chaos zu sabotieren.

Wir beginnen darüber nachzudenken, weshalb wir einen solchen Weg beschritten haben. Und während wir darüber nachdenken, halten wir unser Fehlverhalten schriftlich fest.

❑ Haben wir versucht, wie Gott zu sein?
❑ Haben wir unsere Fähigkeiten überschätzt?
❑ Haben wir uns keine Grenzen gesetzt, weil wir glauben, dass wir ein großartigeres Leben führen können als andere, indem

wir mehr Interessen verfolgen oder mehr Hobbies haben? Wir glauben, dass wir Renaissancemenschen in einer Welt sein können, in der das schon seit langem unmöglich geworden ist.

❏ Glauben wir, dass wir auf wunderbare Weise irgendwie immer mehr Dinge unterbringen können, auch wenn gar kein Platz mehr da ist?

❏ Versuchen wir, uns um zu viele Menschen und Angelegenheiten zu kümmern, weil sie uns »brauchen«?

❏ Bin ich nicht gewillt, das Unbehagen zu ertragen, das eine schwere Entscheidung mit sich bringt?

❏ Opfere ich mein Leben auf dem Altar der Kreativität?

❏ Widerstrebt es mir, Hilfe zu suchen?

❏ Widerstrebt es mir, mich in Bezug auf Zeit, Dinge und Interessen zu begrenzen?

❏ Habe ich mich geweigert, erwachsen zu werden und die Verantwortung für mein Leben zu tragen?

❏ Lebe ich selbstsüchtig meinen Lebensstil, auch wenn ich anderen damit schade?

❏ Glaube ich, dass ich aufgeklärter, erleuchteter bin als andere, weil ich mich nicht um irdische Dinge wie Besitz schere?

Furchtlose Betandsaufnahme

Wir sind alle verschieden. Wir haben alle einen unterschiedlichen Hintergrund. Obwohl Messies viele Dinge gemeinsam haben, sind die Gründe, warum wir so sind, von einem zum anderen ganz verschieden, und jeder muss für sich eine »furchtlose Inventur« machen von dem, was in seinem oder ihrem Leben vor sich geht.

Ist Stolz die Wurzel unseres Problems? Vielleicht ist es perfektionistisches Denken. Wir glauben, dass unsere vielen Aktivitäten zu wichtig sind, als dass wir sie wegen eines geordneten Lebens aufgeben könnten. Oder benutzen wir unser Chaos als Entschuldigung, um nicht andere Menschen und das Leben selbst allzu nah an uns herankommen zu lassen? Vielleicht benutzen wir die Unordnung auch, um Menschen zu uns zu ziehen, weil sie das Gefühl haben, sie müssten sich in unserer schwierigen Situation um uns kümmern.

Das Buch *Im Chaos bin ich Königin* untersucht einige der Gründe, warum Messies in eine solche Lage geraten sind. In diesem Kapitel sind die wichtigsten Seiten des Buches enthalten. Hier haben wir Gelegenheit, unsere Bestandsaufnahme niederzuschreiben. Es ist wichtig, dass sie schriftlich festgehalten wird. Sie kann nicht nur in Gedanken geschehen. Die Gründe dafür werden Ihnen an späterer Stelle ersichtlich sein. Haben Sie keine Angst davor. Das sind alles positive Schritte. Wenn wir eine solche Bestandsaufnahme machen und sie so nutzen, wie es in den folgenden Schritten beschrieben wird, werden wir merken, dass wir alte, kaputte, überholte Dinge aus dem Regal entfernen, um Platz zu schaffen für neues und besseres Inventar.

Es ist keine Schande, eine solche Inventur zu machen. Vielleicht haben Sie zu der Zeit, als Sie diese Dinge auf das Regal stellten, das Beste getan, was Sie tun konnten. Nun, da wir es besser wissen, ist es an der Zeit, unser Bestes zu tun, indem wir sie entfernen.

Andere Faktoren

Es ist wichtig zu wissen, dass auch andere Faktoren außer denen, die wir bei unserer Bestandsaufnahme aufdecken, mit im Spiel sein können. Vielleicht haben wir als Kinder wenig oder gar keine Anleitung zur Organisation erhalten. Vielleicht haben wir einfach kein Organisationstalent, so wie manche nicht sportlich sind oder schwach in Mathematik. Vielleicht ist auch eine körperliche Komponente im Spiel, wie das Aufmerksamkeitsdefizitsyndrom (ADS) oder eine Zwangsstörung. Vielleicht haben wir wenig Energiereserven aufgrund einer oder mehrerer körperlichen Erkrankungen.

Auch diese Dinge müssen wir in Angriff nehmen und so gut wie möglich in den Griff bekommen. Wenn einige dieser Faktoren Dinge sind, die wir nicht gänzlich meistern können, liegt es in unserer Verantwortung, sie so gut, wie es uns möglich ist, zu überwinden, und das Chaos so gut wie möglich zu bekämpfen, selbst wenn diese Probleme in unserem Leben bestehen bleiben. Auch das sind keine Entschuldigungen, um nicht unser Bestes zu versuchen.

Das Gebet um Gelassenheit

Vielleicht ist es an dieser Stelle gut, sich an das Gebet um Gelassenheit zu erinnern, das in den Zwölf-Schritte-Gruppen so oft zitiert wird.

> Gott, schenke mir
> die **Gelassenheit**, das hinzunehmen, was ich nicht ändern kann,
> den **Mut**, das zu ändern, was ich ändern kann,
> und die **Weisheit**, das eine vom anderen zu unterscheiden.

Die meisten Dinge, die wir bei unserer Bestandsaufnahme aufdecken, können wir ändern. Manche nicht. Das letztere müssen wir mit Gelassenheit akzeptieren. Doch selbst die Dinge, die wir nicht ändern können, können wir oft zumindest abmildern, oder wir können besser mit ihnen umgehen, als wir das momentan tun. Wir brauchen Weisheit, um mit den vielschichtigen Faktoren in unserem Leben umzugehen.

Haben Sie sich je gefragt, weshalb wir dieses Gebet das »Gebet um Gelassenheit« nennen? In diesem Gebet bitten wir gleichermaßen um drei Dinge: Gelassenheit, Mut und Weisheit. Weshalb also Gebet um »Gelassenheit«, statt Gebet um »Mut« oder Gebet um »Weisheit«? Vielleicht, weil Gelassenheit so viel angenehmer ist als die anderen beiden Eigenschaften. Mut fordert unser Herz heraus und Weisheit unseren Geist.

Gelassenheit? Ja, die brauchen wir unbedingt. Aber Mut und Weisheit? Auf jeden Fall! Wir brauchen eine ganze Menge davon auf dem Weg, den wir nun begonnen haben. Vielleicht besonders, wenn wir gleich unsere Bestandsaufnahme niederschreiben. Gott verleihe uns alle drei Eigenschaften.

Schriftliche Inventur

Wir machen die Bestandsaufnahme, indem wir sie schriftlich festhalten. Ich gebe Ihnen im Folgenden ein kurzes Beispiel einer solchen Inventur. Und dann finden Sie ein Muster zum Ausfüllen. Vielleicht ist dort nicht annähernd genug Platz für Ihre Aufzeichnungen. Sie können sich leicht eine eigene Vorlage erstellen oder diese für Ihre Bedürfnisse erweitern. Denken Sie daran, dass dies eine Inventur für kaputte und nutzlose Dinge ist. Es sind Fakten, die Wahrheit. Das ist alles, was wir anschauen müssen. Wir suchen nicht hässliche, schmutzige Wäsche. Nur die nackten Tatsachen. Wir müssen diese kaputten Dinge aus dem Regal unseres Lebens entfernen, wenn wir die nützlichen entdecken wollen, die bereits dort stehen, und um Platz zu schaffen für neue Gefühle, Gedanken, Gewohnheiten und Einstellungen, die die Stelle dieser alten einnehmen werden. Diese neuen Einstellungen kommen nicht automatisch. Wenn wir uns von einem schädlichen Gedanken trennen, müssen wir ihn bewusst durch einen sorgfältig ausgewählten, gegenteiligen ersetzen. In der fünften Spalte unserer Bestandsaufnahme formulieren wir diesen neuen Gedanken, die neue Einstellung oder Gewohnheit.

Das muss auf einfachste Weise geschehen, damit es funktioniert. Und das geht so: Gehen Sie nicht von links nach rechts vor, und versuchen Sie nicht, jede Rubrik ausführlich zu bearbeiten, bevor Sie zur nächsten kommen. Machen Sie zum ersten Punkt eine Notiz, und gehen Sie dann Punkt für Punkt von oben nach unten durch, bevor sie zum obersten Punkt der folgenden Spalte kommen. Diese Vorgehensweise ist sehr wichtig, wenn wir auf der Spur bleiben wollen.

Versuchen Sie nicht, alles perfekt zu beschreiben. Manche Spalten überschneiden sich. Notieren Sie einfach Ihre Gedanken so gut Sie können. Bei den untenstehenden Überlegungen gehen Sie vielleicht wieder an den Beginn von Schritt Vier zurück und denken über jeden Satz nach. Schreiben Sie die auf, die auf Sie zutreffen. Machen Sie sich nicht allzuviele Gedanken darüber, ob sie nun dem Denken, Fühlen, inneren Einstellungen oder Gewohnheiten zugeordnet werden. Gehen Sie zum ersten Kapitel zurück und suchen Sie nach allem altem Inventar, das von den Regalen Ihres Lebens verschwinden muss.

Darüber hinaus mögen die untenstehenden Gedanken als Anregungen für die Spalten 2-5 dienen. Es sind nur Beispiele, damit Sie sich eine Vorstellung von der Sache machen können. Ihnen fallen vielleicht viele Dinge ein, die besser in Ihr Leben passen. Schreiben Sie diese auf. Diese Bestandsaufnahme gilt nur für Ihr Leben.

- ☐ Ich hebe zu viele Dinge auf.
- ☐ Ich tue zu viel falsche und zu wenig richtige Dinge.
- ☐ Meine Kinder schämen sich wegen des Zustand unseres Hauses/unserer Wohnung.
- ☐ Ich versuche, mich zu viel um zu viele Menschen zu kümmern und vernachlässige mich dabei selbst.
- ☐ Ich kann mein Leben wegen dieser Unordnung gar nicht ganz ausschöpfen.
- ☐ Ich weigere mich, Verantwortung für den Zustand des Hauses zu übernehmen.
- ☐ Ich bin süchtig nach Informationen.
- ☐ Ich habe zu viele Hobbies.
- ☐ Ich will zu viel wissen.
- ☐ Ich schiebe zu oft Dinge vor mich her.
- ☐ Ich übernehme keine Verantwortung für die Veränderung des Hauses.

❑ Mein Ehepartner ist wegen des Zustandes unseres Hauses unglücklich.

❑ Ich kann nicht gut mit meinen Finanzen umgehen.

❑ Ich habe meiner Familie mit meinen Gewohnheiten geschadet.

❑ Ich habe mir selbst mit meinen Gewohnheiten geschadet.

❑ Ich würde lieber so bleiben wie ich bin, statt mich zu ändern.

❑ Mein Beruf leidet unter dieser Situation.

Eine Bestandsaufnahme fragt auch nach dem Warum. Sie ist ja eine Bestandsaufnahme unseres Inneren. Wir müssen unsere Motive und Handlungen als das beurteilen, was sie sind. Wenn sie uns zu dem chaotischen Lebensstil führen, den wir so verabscheuen, sind sie es nicht wert, beibehalten zu werden. Es ist schwer, sich dieser Erkenntnis zu stellen. Ein sehr großer Teil unseres Problems besteht in der »Leugnung«. Wir neigen nicht nur dazu, zu leugnen, dass wir ein Problem haben, wir leugnen auch, wie schwerwiegend es ist. Wir spielen die Bedeutung unserer Lebensweise herunter.

Zweck dieser Bestandsaufnahme ist es, ehrlich die Aspekte aufzulisten und zu analysieren, die uns in diese Lage gebracht haben. Wenn andere Menschen oder andere Faktoren etwas mit unserer mangelnden Kontrolle über unseren Haushalt zu tun haben, notieren Sie auch das in der ersten Spalte. Gehen Sie nicht zu den anderen Spalten über, bis die erste fertig ausgefüllt ist. Vielleicht müssen Sie sich auch mehr als einmal an diese Aufgabe setzen. Machen Sie das Ganze so gründlich wie möglich, aber halten Sie sich nicht dabei auf, jede kleine Lücke zu füllen. Kommen Sie lieber wieder auf den entsprechenden Punkt zurück, wenn Ihnen neue Erkenntnisse kommen. Aber versuchen Sie nicht, jede Einzelheit abzudecken, es geht um die wesentlichen Dinge.

Und vergessen Sie nicht Ihre neue Lebensweise in der letzten Spalte. Wenn Sie wirklich Ihre destruktiven Eigenschaften loswerden wollen, werden Sie bereit sein, neue an ihre Stelle zu setzen. Formulieren Sie diese klar und deutlich und setzen Sie sie täglich um.

Beispiel einer furchtlosen Inventur in unserem Inneren

1. Was zum Kontroll-verlust über den Haushalt führt (Schritt 4)	2. Wie es sich auf mein Verhalten auswirkt (Schritt 5)	3. Mögliche Ursache (Schritt 5)	4. Verborgenes Bedürfnis (Schritt 5)	5. Neue Gedanken, Gefühle, Einstellungen oder Gewohnheiten, die die in Spalte 1 ersetzen. (Schritt 5)
Denken Ich liebe die Habselig-keiten aus der Vergangenheit.	Ich kann den Ramsch nicht loswerden.	Wenig Freunde. Ich ersetze Menschen mit Dingen. Kein glückliches Leben.	Furcht vor Einsamkeit.	Ich will mir ein gutes Leben schaffen, indem ich Freundschaften fördere und jeden Augenblick bewusst auslebe.
Gefühle Ich muss anderen helfen – zu meinem Schaden.	Meine Bedürfnisse, bes. ein geordneter Haushalt, werden nicht erfüllt.	Ich weiß nicht, was Gott mit meinem Leben vorhat, kenne nicht meine Berufung	Wunsch, geliebt und gebraucht zu werden. Angst vor Ablehnung.	Ich will ausgewogen leben und mich um meine eigenen Bedürfnisse kümmern. Die, die mich wirklich mögen, werden es auch dann tun.
Einstellungen Ich mag mich nicht beschränken.	Ich gehe zu vielen Aktivitäten nach, bin zu engagiert.	Grandioses Denken, Intelligenz.	Ich will mich beweisen.	Demütig erkenne ich meine menschlichen Begrenzungen. Ich konzentriere mich nur auf wenige Dinge. Ich muss nicht andere übertreffen.
Gewohnheiten Bin zu beschäftigt, um Dinge aufzuräumen.	Alles liegt herum. Kann keine Gäste einladen.	Das Alltägliche ist unbequem. Bin ablenkbar.	Ich mag keine unangenehmen und profanen Aufgaben.	Ich beende eine Arbeit und räume alles auf. Ich weiß, wo alles hingehört.

Persönliche furchtlose Inventur

1. Was zum Kontroll-verlust über den Haus-halt führt (Schritt 4)	2. Wie es sich auf mein Verhalten auswirkt (Schritt 5)	3. Mögliche Ursachen (Schritt 5)	4. Verborgenes Bedürfnis (Schritt 5)	5. Neue Gedanken, (Schritt 5)
Denken				
Gefühle				
Einstellungen				
Gewohnheiten				

Ängste, die uns hemmen

Ängste sind eine entscheidende Triebkraft bei vielen Gefühlen, Gedanken, Gewohnheiten und Einstellungen. Ängste sind Faktoren, die alles so durchdringen können, dass sie besonderer Auflistung und Analyse bedürfen. Mit Hilfe der Ausführungen zu den Schritten müssen wir eine Auflistung unserer Ängste machen. Was in mir hat zu den Ursachen dieser Ängste beigetragen, und welcher Teil meiner Persönlichkeit ist bedroht? Wenn wir uns diesen Ängsten ehrlich stellen und sie analysieren, können wir darüber nachdenken, wie wir mit ihnen umgehen können.

Wieder wenden wir uns an Gott und bitten ihn um Alternativen zu unseren Ängsten:

Das könnte folgendermaßen aussehen:

❏ Angst vor der Zukunft wird ersetzt durch Vertrauen in seine Fürsorge.

❏ Angst vor Entdeckung unseres Zustands wird ersetzt durch demütige Ehrlichkeit.

Am Ende läuft es wahrscheinlich darauf hinaus, dass wir den Mut finden müssen, reif zu werden und verantwortlich mit unseren Dingen umzugehen.

Bestandsaufnahme unserer Ängste (Beispiel)

Ängste	Faktor, der Ängste hervorruft	Teil meiner selbst, der durch diese Angst bedroht ist (Sicherheit, Selbstachtung, mangelnde Kontrolle etc.)
(viele aus der soeben gemachten Bestandsaufnahme)		
Angst vor Einsamkeit	Wenig Freunde	Bedürfnis nach Kontakt
Angst, nicht geliebt zu werden	Bedürfnis nach bedingungsloser Liebe	Angst vor der Zukunft Bedürfnis nach Engagement
Angst, nicht geschätzt zu werden	Schätze mich selbst nicht	Selbstachtung
Angst, nicht gebraucht zu werden	Wunsch, mit anderen verbunden zu sein	Bedürfnis nach Kontakt
Angst, unwichtig zu sein	Meine, ich muss etwas Besonderes sein oder tun, um zu genügen.	Sicherheit

Schritt Fünf

Wir gaben Gott, uns selbst und einem anderen Menschen gegenüber unverhüllt unsere Fehler zu.

Messies sind dramatische Menschen. Wir leben voller Schwung und Begeisterung. Es liegt im Allgemeinen in unserer Natur, auf des Messers Schneide zu leben. Die nächsten Schritte fordern uns bis zum Äußersten, weil sie uns auffordern, einige sehr schwere Dinge zu tun.

Wie geht es weiter?

Sie haben Ihre moralische Bestandsaufnahme schriftlich niedergelegt. Diesen falschen Lebensstil und die unguten Denkstrukturen laut zuzugeben ist schwer für uns. Ich weiß, dass viele dieser Eigenschaften guten Absichten entspringen. Aber wir haben sie übermäßig strapaziert oder verkehrt angewendet. Wir wollten mit ihrer Hilfe Gutes tun, aber irgendwie ging dann alles schief.

Wenn wir etwas über die Art dieser Impulse wissen, die uns zur Unordnung treiben, ist das hilfreich, aber nicht immer notwendig. Wenn wir den festen Willen haben, ein anderes Leben zu führen, können wir diese destruktiven Impulse überwinden. Doch dazu brauchen wir Hilfe von außen.

Wenn wir die falschen Verhaltensweisen und Einstellungen beim Namen nennen und analysieren, was sie bewirken und woher sie kommen, geschieht das nicht, um bereits entmutigte Messies noch mehr zu entmutigen. Übertreiben Sie die Sache nicht, und machen Sie sich nicht moralisch fertig. Wir nennen diese Dinge beim Namen, um die Probleme ins Licht zu rücken, die wir bereits durch Erfahrung kennen. Sie schaden uns, wenn sie im Schatten lauern, und wir sie nicht greifen können. Wenn sie jedoch erst einmal ins Licht gerückt sind, können wir sie anpacken. Ich möchte nochmals betonen, dass wir dazu die Unterstützung anderer brauchen, damit wir bei dieser Aufgabe nicht verzagen.

Machen Sie einen Termin aus mit einem Menschen, dem Sie vertrauen, und der versteht, was Sie mit dieser Bestandsaufnahme erreichen wollen. Das kann ein anderes AM-Mitglied sein, der oder die wissen sollte, wie eine solche Inventur funktioniert. Es kann auch ein Geistlicher, ein Psychologe, ein Freund oder in manchen Fällen sogar ein Familienmitglied sein. Zweck dieses Gesprächs ist es, sich selbst über das genaue Wesen dieses negativen Lebensstils klar zu werden. Aber es hat noch einen anderen Sinn. Es ist nicht nur eine Läuterung oder Seelenreinigung. Wenn Sie einen aufmerksamen, intelligenten Menschen ausgewählt haben, sollte er in der Lage sein, Ihre Auflistung richtig einzuschätzen. Durch seine einfühlsamen Fragen wird der Wert Ihrer Bestandsaufnahme noch verbessert. Diese Person soll Ihnen nur helfen, Klärung in die Sache zu bringen, ihre Aufgabe ist es nicht, Rat zu geben oder zu analysieren.

Es ist zwar nicht Zweck dieser Bestandsaufnahme, aber es tut dennoch gut, wenn wir uns daran erinnern, dass in ihr auch viele gute Dinge enthalten sind, nicht nur Probleme; neben solchen, die verworfen werden müssen, auch Dinge, die man beibehalten kann. Halten Sie auch diese fest, wenn Ihnen ein solches Gleichgewicht hilft, mit den schwierigen Bereichen Ihres Lebens fertig zu werden. Denken Sie an Dr. Bobs letzte Mahnung an Bill W.: »Immer sachte«.

Schritt Sechs
Wir waren völlig bereit, all diese Charakterfehler von Gott beseitigen zu lassen.

All diese Charakterfehler

Jetzt kommt der bedrohliche Teil. Wir hängen an diesen Charaktereigenschaften, die uns in der Vergangenheit gute Dienste geleistet haben. Wir wollen nicht wirklich unsere Sentimentalität aufgeben, die uns dazu verleitet hat, zu viele Dinge aus der Vergangenheit aufzubewahren. Wir wollen uns nicht von unserer Zukunftsangst trennen. Der Gedanke an ein geordnetes Leben macht uns nervös. Wir haben Angst, dass wir, wenn wir zu viel verändern, unsere Persönlichkeit verlieren, und nicht mehr der einzigartige Mensch sind wie jetzt. Wir klammern uns an unsere Schwächen, wie wir uns auch an viele andere Dinge klammern, die uns Schaden zufügen.

Die Wahrheit ist, dass wir immer der Mensch sein werden, der wir wirklich sind. Die Charaktereigenschaften, die wir verändern, werden uns in gewisser Weise erhalten bleiben. Wir müssen sie nur abändern, zivilsieren, zähmen. Das Pferd, das Sie als Wildpferd zu Tode trampeln würde, wird Ihr bester Freund sein, wenn es gezähmt ist. Wir nehmen diese Veränderungen nicht vor, damit wir eine andere Persönlichkeit werden. Wenn wir die Kette des chaotischen Lebensstils hinter uns lassen, sind wir dazu befreit, ein besserer, authentischerer Mensch zu werden. Wer Gott kennt, wird sich nach seiner Führung und Kraft ausstrecken, um dieses Ziel zu erreichen.

Schauen Sie in der fünften Spalte, welche neuen Eigenschaften die alten ersetzen sollen.

Schritt Sieben
Demütig baten wir Ihn, unsere Mängel von uns zu nehmen.
Wenn wir zu einer Änderung bereit sind, sitzen wir nicht tatenlos herum, beten und erwarten, dass wir zu organisierten Menschen werden, die nur daran gehen müssen, ihren Haushalt auf Vordermann zu bringen. So einfach ist das nicht. Unsere Mängel werden von uns genommen, während wir an dem Programm arbeiten.

Unsere Mängel von uns nehmen
Im südlichen Florida fallen die Blätter der Bäume im Herbst nicht ab, wie sie es in nördlichen Klimazonen tun. Die Bäume behalten den ganzen Winter über ihr Laub. Im Frühling stoßen die neuen Blätter die alten ab. Neue Gewohnheiten, Gedanken, Gefühle und Einstellungen ersetzen die alten.

Schritt Acht
Wir machten eine Liste aller Personen, denen wir Schaden zugefügt hatten und wurden willig, ihn bei allen wieder gutzumachen.

Schritt Neun
Wir machten bei diesen Menschen alles wieder gut – wo immer es möglich war – es sei denn, wir hätten dadurch sie oder andere verletzt.

Schritt Zehn
Wir setzten die Inventur bei uns fort, und wenn wir Unrecht hatten, gaben wir es sofort zu.

Wieder gutmachen

Unser Chaos ist keine gutartige Sache. Es hat vielen Menschen, einschließlich uns selbst, geschadet. Vielleicht war es unserem Partner oder unseren Kindern peinlich, und sie mussten wegen unserer Unordnung ihr gesellschaftliches Leben einschränken. Sie konnten ihre Sachen nicht mehr finden. Sie haben Ihre Familie nicht entlastet. Sie haben allen anderen im Gegenteil zusätzliche Lasten aufgeladen. Dieser Tatsache müssen wir uns stellen. Wenn wir nicht ehrlich sind, können wir keine Fortschritte machen.

Die naheliegendste und beste Art und Weise, das wieder gutzumachen ist, die Unordnung und das Chaos hinter uns zu lassen und stattdessen so schnell wie möglich Ordnung, Harmonie und Schönheit in unserem Heim und unserem Leben zu schaffen. Während Sie Ordnung und Schönheit schaffen, achten Sie darauf, wie Ihr Leben und Ihre Beziehungen sich verändern. Wo es angemessen erscheint, berichten Sie den betroffenen Personen bewusst und offen von den Veränderungen, die Sie vornehmen wollen oder vornehmen. Sprechen Sie von Ihren Absichten der Veränderung, aber versprechen Sie nichts. Sagen Sie ihnen, dass Sie die seelischen Sperren wegräumen wollen, die Sie bisher daran gehindert hatten, das häusliche Chaos zu beseitigen. Wo es angemessen erscheint, machen Sie im Kontext der Ordnung und Harmonie, die Sie schaffen, besondere Wiedergutmachung an jene, die durch Ihr Problem besonders Schaden genommen haben. Jeder Fall liegt anders. Bitten Sie Gott um Weisheit, wie Sie hier vorgehen sollen. Für diesen achten Schritt ist die folgende Seite vorgesehen.

Es mag sein, dass die Menschen, denen wir Schaden zugefügt haben, auch nicht unschuldig an dem Problem sind. Vielleicht waren auch sie desorganisiert oder haben in gewisser Weise zu Ihrem Problem beigetragen. Vielleicht tragen sie mehr Schuld daran als wir. Oder vielleicht haben sie Sie nicht in Ihren Änderungsbemühungen unterstützt. Wie auch immer, wir streiten uns nicht darum, wir sprechen nicht über seine oder ihre Schwächen oder versuchen sie oder ihn zu ändern. Hier geht es um unsere Sache, nicht ihre. Wir bemühen uns, von der Selbstsucht, Unreife, Furcht oder was immer uns in dem verhassten Chaos verharren lässt, loszukommen.

Denken Sie daran: In gewisser Weise befreien wir uns von dem Chaos und der Unordnung unserer Vergangenheit. Wir drehen ihnen den Rücken zu und befreien uns von ihrer Last.

Menschen, die durch meinen chaotischen Lebensstil Schaden genommen haben

Menschen, denen meine Unordnung geschadet hat	Wie hat sie ihnen geschadet?	Wie kann ich das wieder gutmachen?

Wie sehr wir uns auch bemühen, wir verstehen unser Scheitern, Unrecht, unsere Motive etc. nicht bei der ersten Bestandsaufnahme. Wir warten nicht mit dieser Inventur, bis wir perfekt sind. Wir achten nur auf die schlimmsten Aspekte und beginnen gleich mit dem Neuanfang. Lassen Sie sich nicht von Ihrem Perfektionismus abhalten, mutig diese Schritte in Angriff zu nehmen.

Später müssen wir das Wesen unseres Problems näher untersuchen und uns mit ihm beschäftigen. Von Zeit zu Zeit werden wir auch stolpern. Je eher wir diese Schwachpunkte in Angriff nehmen, desto eher sind wir in der Lage, auf unserem Weg weiterzugehen.

Schritt Elf
Wir suchten durch Gebet und Besinnung die bewusste Verbindung zu Gott – wie wir ihn verstanden – zu vertiefen. Wir baten Ihn nur, uns Seinen Willen erkennbar werden zu lassen und uns die Kraft zu geben, ihn auszuführen.

Bewusste Verbindung zu Gott

Die Anonymen Messies sind keine religiöse Organisation, und ich glaube auch nicht, dass eine Gruppe, die sich mit Haushaltsführung beschäftigt, der geeignete Ort ist, theologische Lehre zu formulieren. Meine eigene Einstellung zu Gott ist ein wichtiger Bestandteil meines Lebens. Für einen Menschen, der an Gott glaubt, ist es angemessen, ihn in alle Aspekte des Lebens einzubeziehen. Manche mögen sich wünschen, die Schritte waren noch religiöser oder geistlicher. Anderen wäre weniger Religion lieber.

Viele, die auf Gott vertrauen, mögen enttäuscht sein, dass ihre Gebete nicht so beantwortet worden sind, wie sie es sich erhofft hatten. Gott macht keine Hausarbeit. Er schickt uns auch keine Hilfe in Form einer mühelosen Veränderung. Gott hat dem Menschen die Herrschaft über die Erde anvertraut. Diese Herrschaft wird »im Schweiße seines Angesichts« gelingen. Vielleicht sind für die, die Gott um Hilfe bitten, die Anonymen Messies ein Teil der Antwort auf solche Gebete. Er hilft uns auch, während wir uns abmühen.

Aber manche sind nicht an Gott interessiert. Alles, was sie wollen, ist mehr Himmel auf Erden in ihrem Zuhause. Manche sind Agnostiker oder Atheisten. Diejenigen, die nicht an Gott glauben, werden, wie wir alle, mit den Vorstellungen über Gott, wie sie in diesen Schritten oder anderswo zum Ausdruck kommen, anfangen, was sie wollen. Unsere Freiheit in diesen Dingen ist sowohl Segen als auch Fluch des Menschseins. Wir fordern Sie dazu auf, die Schritte so nachzuvollziehen, wie es Ihnen beliebt und vielleicht, wie Bill W. seine AAs bat, ein offenes Herz zu bewahren. So heißt es in der dritten Tradition: Die einzige Voraussetzung für die Zugehörigkeit ist der Wunsch nach Freiheit von unnützem Krempel und einem desorganisierten Lebensstil.

Beide, Gläubige und Nichtgläubige, brauchen Liebe und Geduld. Allen, die das gerade in Zeiten der Meinungsverschiedenheiten und Auseinandersetzungen respektieren, gebührt unser Dank.

Und denken Sie immer wieder daran: Es ist nicht unsere Aufgabe, andere zu ändern. Wir konzentrieren uns auf uns selbst und die Veränderungen, die wir in unserem eigenen Leben vornehmen müssen. Zu unseren unangenehmen Eigenschaften gehört auch, dass wir immer Kontrolle ausüben wollen. Es wird immer Auseinandersetzungen geben, aber wir können nicht zulassen, dass Meinungsverschiedenheiten irgendwelcher Art uns entzweien. Wie es in der ersten Tradition heißt: Unser gemeinsames Wohlergehen sollte an erster Stelle stehen; die Genesung des Einzelnen beruht auf der Einigkeit in AM.

Erkenntnis seines Willens

Diese Formulierung betont die Veränderung unserer Persönlichkeit, zu der uns die Schritte hingeführt haben. Wir klammern uns nicht mehr verzweifelt an unseren eigenen Willen, der sich auch in der Anhäufung von Dingen und einem chaotischen Lebensstil im Allgemeinen geäußert hat. Wir sind bereit, ihn aufzugeben, um Gottes Willen für unser Leben auszuleben. Wir erkennen nun, dass das Chaos uns nicht nur geschadet hat, es hat uns daran gehindert, den Sinn und Zweck zu erfüllen, für den wir geschaffen sind. Wir sind bereit, unsere Lebensart für die seine aufzugeben.

Die große Veränderung

Wir wollen am liebsten auf der Stelle aus diesem Chaos herauskommen. Doch wir werden langsamere Fortschritte machen, als wir erhoffen. Aber unser Fortschritt sollte nicht so langsam sein, dass wir den Mut verlieren, oder uns die Vision von der Gewaltigkeit unseres Projektes verloren geht. Idealerweise werden wir bereit sein, auf der Stelle alle unsere Ängste abzuwerfen, unsere Sentimentalität und unser destruktives Denken. Doch das wird wahrscheinlich nicht so schnell gehen. Aber wir müssen eine starke Verpflichtung eingehen und große Veränderungen in die Wege leiten, wenn wir unsere Begeisterung aufrechterhalten wollen.

Ein schwächlicher Versuch wird nichts bewirken. Bill W. schrieb: »Halbherzige Maßnahmen führten zu keinem Erfolg. Wir standen an einem Wendepunkt. Wir baten um seinen Schutz und seine Fürsorge und gaben uns ihm völlig hin.« Versuchen Sie nicht, dieses Programm durchzuführen und gleichzeitig nur ein wenig an der alten Lebensweise festzuhalten. Werfen Sie im Geiste Ihren chaotischen Lebensstil vollkommen über Bord. Beginnen Sie mutig eine ganz neue Lebensweise. Seien Sie bereit, neue Gewohnheiten des Denkens, Fühlens und Handelns anzunehmen.

Wenn es nötig ist, gründen Sie eine Gruppe, suchen Sie einen Partner, bitten Sie Ihre Schwester um Hilfe, stellen Sie eine Haushaltshilfe an, engagieren Sie einen professionellen Organisierer. Mieten Sie einen Lieferwagen, in den Sie all das überflüssige Zeug laden, und schaffen Sie es weg. Verkaufen Sie antike Möbel, die niemand nutzen, oder verteilen Sie sie in Ihrer Verwandtschaft. Bringen Sie die Kinder während dieser Aktion zu den Großeltern. Tun Sie alles, um sich dieser Aufgabe zu entledigen. Wenn Sie nicht in der Lage sind, einen so großen Schritt in Angriff zu nehmen, machen Sie den größtmöglichen Schritt, und machen Sie auch weiterhin so große Schritte. In vielerlei Hinsicht halte ich es für einfacher, eine ganz andere Lebensweise zu beginnen, als zu versuchen, neue Gewohnheiten in meine alte Lebensweise einzufügen.

Ich weiß, dass das nicht einfach ist. Sie müssen genug Fortschritte machen, um nicht die Inspiration zu verlieren. Sie möchten ja einen sichtbaren Lohn für Ihre Mühe sehen. Und zwar möglichst bald. Aber mehr als das, Sie müssen erkennen, dass Sie nicht auf demselben Weg weitergehen können – egal wie vorsichtig – und gleichzeitig ein anderes Ziel erreichen wollen. Sie müssen einen ganz anderen Weg einschlagen.

Selbst Menschen, die so drastische Veränderungen vornehmen wollen, fallen hin und wieder in die alte Lebensweise zurück. Das ist zu erwarten. Rappeln Sie sich wieder auf, schütteln Sie den Staub ab und beginnen Sie wieder von neuem.

Schritt Zwölf

Nachdem wir durch diese Schritte ein spirituelles Erwachen erlebt hatten, versuchten wir, diese Botschaft an andere weiterzugeben, die unter Desorganisation in ihrem Alltag leiden, und unser tägliches Leben nach diesen Grundsätzen auszurichten.

Die Botschaft weitergeben

Der Ausdruck »spirituelles Erwachen« wird in dem Standardwerk der AA definiert als »eine Veränderung der Persönlichkeit, die ausreicht, um unsere Genesung herbeizuführen«, das heißt, sich von dem Problem zu befreien, mit dem man belastet ist. Diese Zwölf Schritte sollen nicht zu einer solchen geistlichen Erfahrung führen, die man braucht, um den ewigen Wahrheiten des Lebens ins Auge zu sehen – woher wir kommen, wohin wir gehen, warum wir auf dieser Erde sind. Sie machen keine erschöpfenden Aussagen über unsere Beziehung zu Gott. Es ist am besten, diese Zwölf Schritte einfach im Zusammenhang mit unserer Befreiung aus einem chaotischen Lebensstil zu sehen. Vielleicht beginnen wir uns beim Nachdenken über diese Schritte auch für ewige Dinge näher zu interessieren. AM beansprucht nicht, in diesem Bereich das letzte Wort zu haben. Wenn wir erst Hilfe bei unserem eigenen Problem mit der Unordnung gefunden haben, helfen wir auch anderen in ihrer Not.

Ich begann ganz allein. Ein paar Monate später schlossen sich andere an. Seit dieser Zeit habe ich unzählige neue Kontakte geschlossen. Dass ich in dieser Sache meine Nüchternheit, Gelassenheit und geistige Gesundheit bewahrt habe, verdanke ich dem ständigen Kontakt mit anderen Messies. Ob ich einzelnen Messies begegne oder einer ganzen Gruppe, ich gehe immer gestärkt aus dieser Begegnung hervor. In der verzweifelten Stimme am anderen Ende der Leitung erkenne ich meinen eigenen inneren Schmerzensschrei wieder. Die Geschichte der Entmutigung, die ich in Briefen lese, ist meine Geschichte. Sie lebt wieder neu auf. Solche Geschichten erinnern mich und warnen mich, woher ich gekommen bin, und wo ich wieder landen kann, wenn ich wieder in die alte Lebensweise zurückfalle. Voller Dankbarkeit kann ich in die Stimmen voller Glück und innerer Freiheit einstimmen.

Aber am wichtgsten ist es, dass meine Kontakte mit anderen Messies meine Erfahrung authentisch machen. Ich bin nicht verrückt. Ich habe mir nicht eingebildet, dass mein Leben die Hölle war. Was ich durchlebt habe, war real. Es lässt erneut Dankbarkeit aufkommen, was sich seither in meinem Leben getan hat. Aber ich glaube, am wichtigsten ist es, ob im ständigen Kampf oder im Sieg, zu wissen, dass ich nicht allein bin.

Bill W. hat einen anderen Alkoholiker gesucht, der ihm helfen sollte, weiterhin trocken zu bleiben. Es gibt noch unzählige leidende Menschen, die ein Leben führen, über das sie die Kontrolle verloren haben. Manche sind bereit, sich zu ändern, und Sie können ihnen die Botschaft überbringen, dass es Hoffnung gibt.

Bei den AA nennt man dieses Weitergeben unserer Botschaft an andere, »die Zwölf Schritte gehen«. Das bedeutet, dass wir die Neulinge ernst nehmen. Es heißt, dass wir andere in ihrer Not besuchen, und sie in unser Haus kommen lassen, um uns zu helfen. Es heißt, dass wir die Veränderung, die wir vornehmen wollen, ernst genug nehmen, um diesen zwölften Schritt in unser Leben zu integrieren.

6. Kapitel

Slogans, Schlagworte

In Selbsthilfegruppen ist es Tradition, mit Slogans, Schlagworten, zu arbeiten. Die Slogans sind einfach. Sie wiederholen sich immer. Manchmal sind sie das Einzige, was ein verwirrter und gestresster Messie fassen kann, wenn er zum ersten Mal mit dem Programm konfrontiert wird. Sie sind in der Regel auf einem Tisch aufgestellt, wo man sie groß auf Plakate geschrieben hat. Oder sie hängen an der Wand oder sind auf eine Tafel geschrieben.

Perfektionismus, der Erzfeind des Erfolgs

Die Wurzel von Perfektionismus ist Furcht. Nicht etwa der sehnliche Wunsch, etwas Ausgezeichnetes zu leisten. Der furchtsame Messie versucht, seine Furcht durch stärkere Kontrolle zu überwinden. Das ist die Ursache der perfektionistischen Tendenzen, die wir bei Messies beobachten. Dieser Wunsch, alles fest im Griff haben zu müssen, widerspricht dem ersten Schritt, in dem wir zugeben, dass wir machtlos sind. Es ist auch eine unserer Charakterschwächen, die im siebten Schritt erwähnt werden. Perfektionismus erklärt das Phänomen der Messies, deren Haushalt ein absolutes Chaos ist, die aber stolz darauf sind, dass sie beim Staubsaugen immer jedes Möbelstück von der Wand wegrücken. Mit dieser Art Perfektionismus saugten sie natürlich nur äußerst selten. Aber wenn sie das tun würden, würden sie ganze Arbeit leisten. Sie haben schließlich sehr hohe Maßstäbe in Bezug auf die Haushaltsführung.

Sie allein müssen die Arbeit tun, aber das genügt

Messies lieben Zauberei. Sie warten immer auf die kleinen Heinzelmännchen, die über Nacht kommen und das Haus saubermachen, wie sie im Märchen die Schuhe des Schusters flickten, während dieser schlief. Messies warten auf Rumpelstilzchen, der ihr Stroh von Chaos in das Gold eines schönen Hauses umspinnt. Doch ich habe noch keinen Messie getroffen, dem auf diese Weise Hilfe zuteil wurde. Das, was einem solchen Fabelwesen am nächsten kommt, wäre ein professioneller Organisierer, der in Ihrem Haus seine eigene Magie bewirken kann. Aber Sie und ich wissen, dass, so angenehm das sein mag, am Ende, wenn dieser Mensch gegangen ist, nur noch Sie selbst da sind. Aber wenn Sie sich mit Hilfe der Zwölf Schritte und den anderen Hilfsmaßnahmen, von denen Sie Gebrauch machen, verändert haben, genügt das.

Manche werden einwenden, dass Gott ja Wunder tun kann. Das ist glücklicherweise richtig. Doch da Gott keine Hausarbeit macht, wird sich das Wunder in Ihnen vollziehen. So wie er Naeman gebot, sieben Mal im Jordan einzutauchen, um seinen Aussatz zu heilen, wird er vielleicht in Ihrem Fall das AM-Programm nutzen, um Heilung zu bewirken. Gott ist nicht auf das AM-Programm beschränkt, um seine Veränderungen herbeizuführen. Doch sollte es ihm gefallen, das AM-Programm mit den Zwölf Schritten und anderen Hilfsmaßnahmen in Ihrem und dem Leben anderer zu gebrauchen, wäre ich sehr dankbar.

CHAOS TÖTET:
WÜRDE
GESELLSCHAFTLICHES LEBEN
FRIEDEN
FAMILIENLEBEN
MENSCHEN

Nur wer mit den lähmenden und hemmenden Wirkungen von chronischem Chaos gelebt hat, wird mir glauben, wieviel Zerstörung und Sterben das bedeutet. Ein wenig von uns stirbt jedes Mal, wenn wir frustriert sind, weil wir etwas nicht finden können, oder weil wir uns durch ganze Stapel hindurch einen Weg bahnen müssen, weil wir keine Freunde einladen können, oder es uns peinlich ist, weil sie doch vorbeikommen. Wenn wir keinen Handwerker ins Haus holen können, weil wir nicht wollen, dass er dieses Chaos sieht, opfern wir unseren Komfort. Unsere Fähigkeit, für uns selbst zu sorgen, schwindet dahin.

Wichtige Bereiche unseres Selbst sterben an dem Schock solcher Erfahrungen. Wir töten unsere Gefühle ab, weil wir es nicht ertragen können, mit der Verletzung zu leben, wenn wir vor uns selbst zugeben, welche Schmerzen uns diese Lebensart bereitet.

Doch wir müssen auch an unsere Mit-Messies denken, die – obwohl ihre Zahl gering ist – tatsächlich an ihrem Chaos gestorben sind. Vielleicht waren sie in einer brennenden Wohnung gefangen und konnten sich wegen der Berge von Stapeln nicht befreien. Oder sie wurden wegen ihres Lebensstils aus ihrer Wohnung ausgewiesen. Das hat es alles schon gegeben. Glücklicherweise jedoch selten. Ein chaotisches Leben ist in der Regel nicht so lebensgefährlich wie Alkoholismus oder Drogensucht. Doch im Extremfall kann auch ein chaotisches Leben töten.

Loslassen und Gott handeln lassen

Das ist ein alter Slogan der AA, der zweifellos schon existiert hat, lange bevor die AA ihn aufgegriffen haben. Ich erinnere mich, dass ich als Studentin die Geschichte eines Studenten gehört hatte, der darum rang, seinen Willen und sein Leben Gottes Fürsorge zu überlassen. Er wusste jedoch nicht, was oder wie er das tun sollte. Hinten im Stadion war ein Spruchband angebracht, das aus einzelnen Buchstaben bestand L-E-T G-O-D (Lass Gott). Während er noch mit gesenktem Kopf mit seiner Entscheidung rang, schlug ein Windstoß das Transparent so hoch, dass man den letzten Buchstaben nicht mehr sehen konnte. Als der junge Mann aufblickte, las er die Worte L-E-T G-O (Lass los). Das war wohl das Erlebnis, das er brauchte, um seine Entscheidung zu treffen. Er ließ los und überließ sich Gott.

Das ist eine schöne Geschichte, die es mir sehr angetan hat. Ein Jugendlicher ringt mit einer wichtigen Entscheidung für sein Leben, die Freiversammlung an einem lauen Abend, die Brise, die gerade im richtigen Moment aufkam, die schließliche Übergabe seines Lebens an eine höhere Macht – die Geschichte fügt sich so wunderbar zusammen, bis man versucht, sie verstandesgemäß auf die eigene belastende Situation anzuwenden. Es ist leichter, diesen Slogan zu fühlen, als ihn mit dem Verstand zu erfassen.

Für den Messie bedeutet die Anwendung des ersten Teils dieses Slogans glücklicherweise etwas sehr Konkretes. Dieses Loslassen ist das Herzstück unseres Dilemmas. Messies sind Sammler. Wir lieben es, Dinge aufzubewahren. Wir klammern uns an alles, was uns über den Weg kommt. Wir wollen nichts loslassen. Wir fürchten uns geradezu davor.

An diesem Punkt erhält der Slogan eine Bedeutung für uns, er bezieht sich auf unsere Angst. Angenommen, ich trenne mich von meinen Vorräten, meinen Luxusgegenständen, meinem Krempel, oder wie immer ich das nenne – was passiert dann mit mir? Andere Menschen erkennen nicht, was wir wissen: dass unsere Sicherheit, unser Komfort und unser Leben von diesen Dingen abhängen. Wer wird für mich sorgen, wenn ich nicht für mich Sorge trage, indem ich all diese Dinge horte? Die Antwort liegt in diesem Slogan. Gott wird für mich sorgen. Die Wurzel all dieses Hortens ist mangelndes Vertrauen zu Gott. Wenn ich darauf vertrauen könnte, dass Gott in Zukunft für mich sorgen wird, würde ich all diese Dinge gar nicht benötigen. Ich hebe aus Furcht Dinge auf, mit denen ich im Grunde meines Herzens gar nicht leben will. Wie werde ich diese Angst los? Indem ich auf die

Güte und Liebe Gottes vertraue. »Vollkommene Liebe treibt die Furcht aus.« Doch dieses Vertrauen kommt uns nicht leicht an. Nur, wenn wir den Slogan in der Gruppe vor uns auf dem Tisch stehen haben, nur, wenn wir ihn uns immer wieder ins Gedächtnis rufen, nur, wenn wir ihn nachsprechen, auch wenn wir ihn nicht ganz verstehen oder glauben, wird die Furcht allmählich dem Vertrauen weichen.

Wir können die Sache auch aus einem anderen Blickwinkel betrachten. Ein chaotisches Leben, wie es sich uns im Kontext der AM darstellt, ist im Grunde genommen ein Kontrollproblem. Wir bemühen uns so sehr, unser Leben zu kontrollieren, damit für uns und alle anderen, mit denen wir in Berührung kommen, gesorgt ist. Wenn wir nichts wegwerfen und verschwenden, werden wir immer haben, was wir brauchen. Wir glauben: Wir werden das haben, was wir brauchen, weil wir alles, oder fast alles, besitzen. Loslassen und Gott die Sache überlassen, heißt, diese Kontrollfunktion herausfordern. Bestehe ich weiterhin darauf, durch diese Kontrollmaßnahmen für mich zu sorgen, oder verzichte ich auf diese Kontrolle und lasse Gott für mich sorgen? Nichts ist anstrengender, als Gott spielen zu wollen. Messies merken, dass sie viel mehr Kraft haben, ihren Teil auszuführen, wenn sie Gott seinen Teil überlassen.

Auf einer Frauenfreizeit fragte eine Frau den Redner um Rat wegen ihres erwachsenen Sohnes. Sie hatte das Gefühl, sie müsse sich um ihn kümmern, weil »es keinen anderen gibt, der das tun kann«. Der Redner antwortete: »Wenn Sie glauben, dass Sie die Einzige sind, die das tun kann, halten Sie sich für Gott.« Die Ironie der Sache liegt darin, dass diese Dame an einer tödlichen Krankheit litt und ohnehin gezwungen war, bald alles aufzugeben. Wer würde sich dann um ihren Sohn kümmern?

Wir sind nicht so unersetzlich wie wir glauben. Wir können loslassen. Die Dinge werden auch ohne uns und unsere übereifrige Fürsorge irgendwie weitergehen. Ob wir das erkennen oder nicht, all das Zeug, das wir horten, ist ein Hindernis, keine Hilfe.

Der dritte Schritt formuliert diesen Slogan ausführlicher: »Wir fassten den Entschluss, unseren Willen und unser Leben der Sorge Gottes – wie wir ihn verstanden – anzuvertrauen.«

Ein chaotischer Lebensstil ist die Krankheit der Selbstvernachlässigung

Niemand vernachlässigt sich mehr als ein Messie. Wie sonst könnte man es nennen, wenn wir Jahr für Jahr auf diese Weise leben? Wenn wir darunter leiden, unser gesellschaftliches Leben einschränken oder ganz aufgeben zu müssen, uns nie in unserem Haus entspannen oder uns an ihm freuen zu können, dauernd von Hässlichkeit umgeben zu sein, eine geringe Selbstachtung zu haben, weil wir in diesem Bereich versagen, Termine zu vergessen, Dinge zu verlieren ... und vieles mehr. Wir alle kennen unsere besondere Art von Vernachlässigung, und das ist es, ob wir es zugeben wollen oder nicht. Das wirklich Traurige daran ist, dass die Lebensweise, die wir geschaffen haben, einem starken Bedürfnis entspringt, uns um uns selbst zu kümmern, sicherzugehen dass wir nie ohne diese Fürsorge sind. Doch diese Art der Sorge für uns selbst hat zu einem Lebensstil der chronischen Selbstvernachlässigung geführt.

Kann ein chaotischer Lebensstil aber tatsächlich als *Krankheit* der Selbstvernachlässigung bezeichnet werden? Ihn als Krankheit zu bezeichnen, ist vielleicht doch übertrieben. Für unsere Zwecke werden wir die Definition von M. Scott Peck in *Der wunderbare Weg* benutzen. Peck schreibt über Krankheit: »Ich glaube, dass Krankheit als Mangel in unserem Körper oder unserer Persönlichkeit bezeichnet werden sollte, die uns davon abhält, unser menschliches Potential zu erfüllen.« In diesem Sinn ist der chaotische Lebensstil, mit dem wir zu kämpfen haben, tatsächlich eine Krankheit, eine Krankheit der Selbstvernachlässigung (vielleicht wäre Missbrauch unserer selbst gar die bessere Bezeichnung). Dieser Slogan ist eine Herausforderung der Vorstellung, die wir Messies, entgegen allem Augenschein, im tiefsten Herzen glauben – dass der chaotische Lebensstil, obwohl er uns Mühe macht, irgendwie eine höhere Lebensart ist. Wir fürchten, dass wir, wenn wir uns ändern, nicht genug Dinge haben, die unsere Bedürfnisse, oder die unserer Mitmenschen, befriedigen. Wir zögern, Dinge wegzuräumen, damit sie nicht verlorengehen oder vergessen werden. Wir fürchten, dass wir, wenn wir nicht auf diese Weise leben, den Kürzeren ziehen. Gerade das Gegenteil ist der Fall. Wenn wir weniger haben, weniger tun, weniger liegen lassen, beginnen wir, uns um uns selbst zu kümmern, die Krankheit zum Besseren zu wenden. Wir können das Leben erst dann richtig auskosten.

Warum wollen wir mit dieser Krankheit leben – nein, warum sind wir geradezu erpicht darauf? Der Grund liegt darin, dass wir in Bezug auf Unordnung irrational geworden sind. Deshalb ist der zweite Schritt so wichtig für Messies. Wir kamen zu dem Glauben, dass eine Macht, größer als wir selbst, uns unsere geistige Gesundheit wiedergeben kann. Was für eine erfrischende Aussage. Wenn ich verstehe, was geistige Gesundheit für mich bedeuten kann, ist das, wie wenn ich an einem heißen und staubigen Tag in eine kühle, frische Waldlichtung komme.

Während ich mich verändere, verändert sich der Haushalt

Unordnung ist kein Problem, das ich mit dem Haushalt habe. Es ist ein Problem mit mir selbst. In mir ist ein Drang nach der Lebensart, die zu einem desorganisierten Leben führt. Das Zwölf-Schritte-Programm sagt mir nicht, wie ich den Haushalt verändern kann, sondern wie ich mich selbst verändern kann. Diese Veränderung wird in den Zwölf Schritten »spirituelles Erwachen« genannt. Das sind starke Worte. Was bedeutet ein spirituelles Erwachen für mich, wenn es auf die Ordnung im Haushalt bezogen wird?

Es heißt:

☐ Ich brauche den Sinn meines Lebens nicht in der Fürsorge für andere Menschen zu suchen. Ich bin nicht für die ganze Welt verantwortlich. Gott sorgt für meine Mitmenschen. Das kann er vermutlich sehr gut auch ohne meine zwanghaften und übertriebenen Aktivitäten.

☐ Ich brauche keine Angst vor der Zukunft zu haben. Gott kann für mich sorgen.

☐ Ich brauche mich nicht vor Aktivität zu überschlagen. Jemand anderes kann zumindest manche Dinge übernehmen, von denen ich glaube, dass nur ich sie tun kann. Wenn diese Aktivitäten keinem so viel bedeuten, dass er sich darin engagieren will, warum sollten sie für mich so viel Bedeutung haben? Angenommen, sie würden nie getan? Wahrscheinlich waren sie gar nicht so wichtig.

☐ Ich brauche nicht alles perfekt zu machen. Manche Dinge, wie Herzchirurgie, müssen peinlich genau ausgeführt werden. Andere, wie das Benoten von Aufsätzen oder das Wischen des Fußbodens sind keine exakten Wissenschaften, und werden keinen Schaden leiden, wenn sie nicht vollkommen perfekt ausgeführt werden. Sie wie Herzchirurgie zu betreiben, ist eine Form von Wahnsinn.

Ein Wort an Lehrer über das Benoten von Aufsätzen. Es ist für die Schüler wahrscheinlich besser, eine sofortige und tatkräftige Reaktion auf ihre Aufsätze zu erhalten, als dass der Lehrer sie ewig bei sich zu Hause liegen lässt, um »alles richtig zu bewerten«. Manche Lehrer leisten Bemerkenswertes in der detailgetreuen Benotung. Das können Messies in der Regel nicht, und das müssen sie sich auch eingestehen. Wir müssen die Art unserer Benotung unserer Persönlichkeit anpassen und dennoch den Schülern gerecht werden. Das ist möglich.

- ❏ Ich kann andere bitten, ihren Anteil zu erledigen. Ich bin keine schlechte Mutter oder Ehefrau oder Arbeitgeberin, wenn ich von anderen erwarte, ihren Teil zu tun.
- ❏ Ich kann die Aufregung eines chaotischen Lebensstils aufgeben. Es ist ein Zeichen psychischer Gesundheit, ein friedliches und geordnetes Leben führen zu wollen. Es ist nicht gesund, die Herausforderung zu genießen, das unmögliche Leben zu meistern, das ich für mich geschaffen habe. Ich kann mich noch an den Adrenalinstoß erinnern, der sich nach Abwendung einer bevorstehenden Katastrophe einstellte, die durch mein chaotisches Durcheinander drohte. Manche Messies, die der Aufregung des Chaos verfallen sind, kritisieren jene, die nicht desorganisiert sind, indem sie sagen, dass Frauen, die einen geordneten Haushalt führen, langweilig seien. Wenn Sie solche Gedanken gehegt haben, ist das wohl eher ein Zeichen einer ungesunden Einstellung.

Bei diesem Slogan geht es um Veränderung. Der Haushalt spiegelt mein Denken und Fühlen wider. Wenn ich mein Denken und Fühlen verändere, wird sich das auch auf den Zustand des Haushalts auswirken. Dann wird dort Ordnung herrschen, weil sie meinem reifer gewordenen Bewusstsein entspringt und nicht gegen meine wahre Natur geht.

Noch so viele Dinge können nicht die Leere im Herzen ausfüllen

Für die unter uns, die ihren Habseligkeiten verfallen sind und sagen: »Ich *kann* mich einfach nicht von meinen Sachen trennen« – geht es um mehr, als um ein schlichtes Aufräumprogramm. Wer dieses Problem hat, fürchtet sich davor, dass jemand anders ins Haus kommt und ihm beim Organisieren hilft. Wir glauben, dass man uns womöglich zwingen wird, etwas loszuwerden. Das macht uns Angst. Wir erbleichen, wenn ein professioneller Organisierer oder Freund auch nur eines unserer Besitztümer anfasst.

Sucht ist ein schwieriges Problem, besonders, wenn man sie nicht als solche erkennt. Wie der Raucher oder Alkoholiker, der behauptet, er könne aufhören, wann immer er es wolle, glauben manche Messies allen Ernstes, dass sie ihre Sachen entrümpeln und organisieren können, sobald sie die Zeit dafür finden. Das glauben sie auch noch, wenn bereits Jahre verstrichen sind und nichts dergleichen getan wurde. Stattdessen ist alles nur schlimmer geworden. Diese Art Denken wird Leugnung genannt und ist der Schlüsselfaktor des Suchtproblems.

Viele betrachten Sucht in erster Linie als geistliches Problem, als das, was Carl Jung als »den spirituellen Durst unserer Persönlichkeit nach Ganzheit« bezeichnete. Im Prinzip entspringt Suchtverhalten dem Wunsch, unsere Umwelt zu manipulieren, um emotionalen Schmerz oder Leere zu kompensieren. Deshalb gilt dieser Slogan so sehr für jene von uns, die zwanghaft an ihrem Besitz hängen. Nur wer das schon erlebt hat, kann nachvollziehen, wie Besitz vorübergehend den seelischen Hunger stillt. Etwas zu bekommen, stimuliert uns. Dinge zu besitzen, beruhigt uns. Besitztümer befriedigen tatsächlich ein tiefes Bedürfnis, lindern einen chronischen Schmerz und löschen einen unsichtbaren Durst. Doch wie beim Alkohol und anderen Suchtmitteln ist diese Erleichterung nur kurzlebig. Wie im Fall des Alkoholikers, der, wenn er nüchtern wird, wegen seines letzten Saufgelages vor noch größeren Problemen steht, merkt der Messie, dass sein Problem größer geworden ist, weil sich inzwischen noch mehr Dinge angesammelt haben. Der Schmerz ist größer geworden, als Ergebnis seiner Entscheidung, dieses wunderbare Schnäppchen auf dem Flohmarkt zu erstehen, den Stapel von Zeitschriften zu übernehmen, den eine Freundin loswerden wollte, oder den Stoß Werbematerial beiseite zu legen, um ihn nochmals durchzusehen, damit ihm auch ja kein günstiges Angebot entgeht. Glauben Sie mir: Ich kenne das Gefühl der Befriedigung, das Hoch, das sich in solchen Momenten einstellt. Aber ich kenne auch die Katerstimmung und die innere Leere, wenn dieses Hoch verflogen ist.

Glücklicherweise gehören Süchte zu den seelischen Problemen, für die es eine Menge Hilfsangebote durch die vielen Selbsthilfegruppen gibt, die überall wie Pilze aus dem Boden geschossen sind. Es kostet uns nur die Zeit und Mühe, die wir bereit sind, in unsere geistige Gesundheit zu investieren. Für das Problem der Desorganisation gibt es die Anonymen Messies. In den AM Gruppen, wie in allen Gruppen, die mit den Zwölf Schritten der AA arbeiten, liegt das Hauptaugenmerk nicht darauf, das falsche Verhalten zu ändern, sondern eine befriedigende Lebensweise zu finden, die es ersetzt.

Nicht von jedem, der ein Problem mit der Organisation hat, kann gesagt werden, dass er seinem Besitz verfallen ist. Es müssten noch mehr Untersuchungen gemacht werden, um eine statistische Analyse zu erstellen über die unterschiedlichen Bedürfnisse der Leute, die mit dem AM-Programm arbeiten wollen. Die Zwölf Schritte sind nicht nur für die da, die ihrem Besitz wie einer Sucht verfallen sind. Wie es in den Traditionen heißt, sind sie für alle da, die mit Chaos und Unordnung in ihrem Leben kämpfen. Und unter denen gibt es auch Süchtige.

Möglichst einfach

Messies müssen in verschiedenen Bereichen ihres Lebens um Einfachheit bemüht sein. Zunächst einmal müssen wir uns um Einfachheit bei den Organisationssystemen bemühen.

In ihrem Perfektionismus und intellektuellen Enthusiasmus machen Messies Dinge gern kompliziert. Tun Sie das nicht. Je einfacher das System ist, desto besser. Ich möchte Ihnen ein Beispiel schildern, in welcher Weise Messies anders an eine Sache herangehen sollten, als andere vielleicht. Ich nehme meine Bibliothek als Beispiel.

Jeder Messie mit einer großen Bibliothek neigt dazu, ein Dezimalsystem zu benutzen. So dachte ich zumindest und holte eine Bibliothekarin ins Haus, die mein Durcheinander von Büchern nach diesem System ordnen sollte. Es war erstaunlich. Die Frau nahm ein Buch nach dem anderen zur Hand, kam zu irgendeinem Urteil und klassifizierte es irgendwie mit Hilfe ihres Nachschlagewerks. Es würde nicht funktionieren. Das sah ich. Das System war nicht nur zu durchdacht und zu langsam und würde ein Vermögen kosten, ich merkte auch, dass es mich sehr nervös machen würde, würde sie die kleinen Nummern auf meine Buchrücken kleben, weil ich die Bücher dann gemäß dieser detaillierten Nummerierung immer in der richtigen Reihenfolge hinstellen müsste. Das würde mir zu kompliziert sein, ich sah es jetzt schon. »Möglichst einfach« lautet der Slogan. Und danach richtete ich mich dann auch.

Ich bedankte mich bei der Dame, bezahlte sie für die bisher getane Arbeit und arbeitete nach meinem eigenen System. Ich stapelte die Bücher nach Themen aufeinander. Ein Themenstapel hier, ein anderer dort. Und so weiter, Stapel um Stapel. Dann kaufte ich in einem Bürofachgeschäft selbstklebende Punkte in verschiedenen Farben. Die klebte ich dann auf die Buchrücken. Jeder Stapel bekam seine eigene Farbe, Farbkombination (zum Beispiel blaue und gelber Punkt für dasselbe Buch), oder einen Punkt mit einem Buchstaben darauf (ein gelber Punkt mit einem »P« steht beispielsweise für Psychologie). Dann stellte ich sie in einer gewissen logischen Ordnung in die Regale, Stapel mit ähnlicher Thematik folgten aufeinander. Jetzt hatte ich es geschafft. Das Beste ist jedoch die Erhaltung dieses Zustands. Die Bücher brauchen nicht in exakter Reihenfolge zu stehen. Sie brauchen nur durch gleichfarbige Punkte auf dem Buchrücken zusammengestellt zu werden. Wenn ich ein Buch aufs Regal zurückstelle, brauche ich es nur zu denen mit gleichfarbigen Punkten dazuzustellen.

Dieses System funktioniert bei mir. Es ist sehr leicht zu handhaben, und das heißt, dass ich es auch benutze. Hätte ich das komplizierte Dezimalsystem, würde ich die Bücher auf den Tisch stapeln, um sie dann später einzuordnen. Kurz, das würde nicht klappen. In diesem Fall, wie in vielen anderen, lautet das Geheimnis: Möglichst einfach.

Nun richten wir unsere Aufmerksamkeit auf die Notwendigkeit der Einfachheit in einem anderen Bereich. Wir brauchen auch Einfachheit in unserem Lebensstil. Unserer gegenwärtigen Kultur fehlt diese Einfachheit, in ihrer inneren Realität und ihrem Äußeren Ausdruck. Nicht jeder hat jedoch dasselbe Problem wie Messies, mit diesen modernen Exzessen umzugehen. Als Messies müssen wir dem Problem der Komplexität und unserer Beziehung dazu besondere Aufmerksamkeit widmen. Von dem Bibelvers »Gott hat den Menschen aufrichtig gemacht; sie aber suchen viele Künste« (Prediger 7, 29) zu der Ermahnung Thoreaus »Vereinfachen, Vereinfachen« werden wir von Menschen, die sich über dieses Problem Gedanken gemacht haben, ermutigt, unser Leben weniger komplex zu gestalten.

Ein chaotischer Lebensstil ist Ausdruck einer verzettelten Sicht des Lebens. Die meisten Messies haben sich noch keine klaren Vorstellungen darüber gemacht, was für sie wirklich wichtig ist im Leben. In einem Augenblick beschließen wir, die Dinge anders anzugehen, unsere Aktivitäten und Habseligkeiten zu beschneiden, damit unser Leben nicht so überfrachtet ist. Doch im nächsten Augenblick verlieren wir das aus dem Blick und nehmen noch eine Verpflichtung an oder beginnen ein neues Hobby, das es erforderlich macht, wieder neues Zeug anzuschaffen. Wir verzetteln uns bei unseren Verpflichtungen, unseren Zielen, unserm Schicksal. »Vereinfachen, Vereinfachen« klingt es uns in den Ohren, aber wir wissen nicht, auf was wir uns konzentrieren sollen. Wir schwanken hin und her. Und so lange wir das tun, werden wir in unserem Leben Chaos und Unordnung hinterlassen. Ordnung und Einfachheit unseres äußeren Lebensstils entspringt einer inneren Realität.

Jesus hatte keine Probleme, seinen Jüngern das zu sagen, was wirklich wichtig ist: »Trachtet zuerst nach dem Reich Gottes«, sagte er. Er legt Wert darauf, dass seine Nachfolger sich keine Schätze auf dieser Erde ansammeln, weil es sie von dem wirklich Wichtigen ablenken würde. »Wo euer Schatz ist, wird auch euer Herz sein.« Immer wieder warnte er seine Jünger vor den Fallstricken des Materialismus. Die einzige Möglichkeit, sich solchem Materialismus zu entziehen, sei es, auf Gottes Fürsorge zu vertrauen. Wenn wir glauben können, dass Gott für uns sorgt (wie der dritte Schritt besagt), werden wir dazu befreit, unser Augenmerk auf eine Lebensart zu richten, die keinen Überfluss an Besitztümern erfordert.

Wenn wir nicht wissen, was das wirklich Wichtige in unserem Leben ist, werden wir unser Leben nicht vereinfachen können. So einfach ist das.

Am Schluss noch ein praktischer Hinweis, um unser Leben einfach zu gestalten. Wir brauchen die Dinge nicht zu besitzen, um uns an ihnen zu erfreuen. Da Messies alles unter Kontrolle haben müssen, haben sie häufig das Bedürfnis, das, was sie brauchen, auch tatsächlich zu besitzen. Wir können uns an einem Buch aus der Bibliothek erfreuen, ohne es zu besitzen. Nebenbei gesagt möchte ich noch erwähnen, wie schwer es für Messies ist, Bücher aus der Bibliothek wieder zurückzugeben, wenn wir sie ausgelesen haben. Manchmal ist es ebenso schwer, ein Buch aus der Bibliothek zurückzugeben, wie ein Buch, das uns gehört, wegzugeben. Und doch freuen wir uns oft an Dingen, die wir nicht besitzen. Wir können uns an einem Strand freuen, der uns nicht gehört. Wir können uns an öffentlichen Parks freuen. Wir müssen diesen Gedanken, etwas zu benutzen, aber nicht zu besitzen, auf weitere Bereiche unseres Lebens ausdehnen. Treffen wir eine Abmachung. Wenn Sie Ihr Bedürfnis nach Besitz lockern, werde ich versuchen, das auch zu tun. Gemeinsam werden wir in die Freiheit einer fröhlichen Unbekümmertheit um irdischen Besitz hineinwachsen.

Wie wichtig ist es?

Manchmal brauchen wir Hilfe bei unseren Entscheidungsprozessen. Dieser Slogan ist eine solche Hilfe. In gewisser Weise erwächst er aus dem Motto »Möglichst einfach«. Wenn wir erst einmal entschieden haben, auf welche wirklich wichtigen Dinge wir uns konzentrieren wollen, werden andere Dinge, die uns ablenken, weniger wichtig.

Diesen Slogan sollten wir uns auch immer wieder im Laufe unseres Veränderungsprozesses vor Augen halten. Häufig verursachen die Veränderungen, die wir vornehmen, Probleme in der Familie. Den anderen Familienmitgliedern widerstrebt es, ihren Lebensstil ändern zu müssen. Wir werden reizbar und uneinsichtig, weil wir Probleme mit uns selbst, mit ihnen und mit dem Haushalt haben, während wir versuchen, anders zu leben. Echte Veränderung stellt sich nur allmählich ein. Es ist unklug, an jedem Punkt zu drängen. Denken Sie daran, dass Messies zwanghaft kontrolliert sind. Manchmal stellt sich der größte Fortschritt dann ein, wenn wir uns einmal von einer Sache distanzieren, bei der wir wieder wie besessen handeln wollen und uns fragen: »Wie wichtig ist das?«

Distanzieren und in Aktion treten

Dies ist der einzige Aktionsslogan. Die anderen beziehen sich auf unsere innere Einstellung. Doch der Kern dieses Mottos ist ebenfalls eine innere Haltung. Messies neigen sehr dazu, auf die geeignete Stimmung zu warten, bevor sie eine Aufgabe in Angriff nehmen. Tief in unserem Innern haben wir das Gefühl, dass es irgendwie unehrlich sei, dass wir das Haus saubermachen oder organisieren, wenn wir uns nicht wirklich danach fühlen. Es ist so schwer für Messies, organisatorische Aufgaben zu bewältigen, dass wir auf einen starken Drang warten, der uns vorwärts treibt und in Aktion treten lässt. Unglücklicherweise ist ein solcher Drang unvorhersehbar und nicht gerade häufig. Ich habe bemerkt, dass erfolgreiche Hausfrauen ihre organisatorischen Aufgaben mit einer seltsamen Art von gleichgültiger Distanz angehen. Sie haben keine besonderen Gefühle in Bezug auf das, was sie tun. Sie tun es einfach. Sie würden wahrscheinlich kaum glauben, wie emotional wir unsere Haushaltsaufgaben in Angriff nehmen. Wir quälen uns mit dem Gedanken, ob wir genau das Richtige tun, die richtige ökologische Entscheidung treffen, unsere zukünftigen Bedürfnisse richtig einschätzen, etwas dort hinräumen, wo es auch wirklich hingehört, usw.

Ich meine damit nicht, dass wir uns von unseren Gefühlen distanzieren sollen. Ich will nur sagen, dass wir uns von unserer unvernünftigen emotionalen Verstrickung mit dem Haushalt distanzieren und unsere Gefühle da einsetzen müssen, wo sie hingehören, nämlich bei unseren persönlichen Bedürfnissen. Derselbe Messie, der sich mit der Frage herumquält, was denn nun die genau richtige Methode ist, den Fußboden zu wischen oder das Bett so zu machen, wie man es im Krankenhaus tut, lässt zu, dass er als Folge der eigenen Desorganisation und seines Chaos ständige und tiefe Demütigungen erleidet. Derselbe Messie, der sich eifrig bemüht, den Rest einer Kerze aufzubewahren, den er dann zusammen mit anderen Kerzenresten zu einer größeren Kerze umschmelzen will (natürlich nur im Notfall), oder die Seifenreste aufbewahrt und sie in einen Strumpf steckt als eine Art hässliche Hängeseife, macht kaum oder gar keine Anstrengung, in Bezug auf das Chaos im eigenen Haus ein wenig von seiner Würde zu bewahren. Wir wollen im Haushalt alles recht machen, aber nicht für uns selbst.

Die Antwort ist, dass wir uns emotional von unserem Haushalt distanzieren müssen. Bewegen Sie nur Ihren Körper, nicht wahllos, sondern nach zuvor überlegtem Plan. Wir werden merken, dass wir, wenn wir das tun können, viel mehr schaffen und am Ende des Tages viel weniger müde sind. Es ist der emotionale Stress der Organisation, der uns erschöpft.

Ich will mich nicht länger durch mein Chaos verletzen

Während wir mit der Anwendung der Schritte wachsen und uns verändern, beginnt sich eine gewisse Reife in unserem Leben zu entwickeln. Wir wollen nicht mehr den Wahnsinn unserer Lebensweise ertragen, der uns zuvor so normal erschienen war.

Ein Grund dafür ist, dass wir einen bestimmten Grad von Reife erreicht haben. Reife in Bezug auf Messies bezeichnen wir als den Willen, den unrechtmäßigen Schmerz eines desorganisierten Lebens aufzugeben, um ihn durch den legitimen Schmerz des Veränderungsprozesses zu ersetzen. Messies haben hier keine Wahl. Unsere Lebensweise ist extrem schmerzlich. Es ist jedoch ein, wie ich ihn bezeichne, unrechtmäßiger Schmerz, weil es ein Schmerz ist, der völlig unnötig ist. Wir hätten überhaupt nicht erst in diese Lage kommen sollen. Der Schmerz eines Lebens im Chaos ist ein chronischer, dumpfer Schmerz, der uns nirgendwohin führt. Er hilft uns nicht zu wachsen. Er hemmt das Wachstum unseres Geistes und unserer Seele.

Der Schmerz des Veränderungsprozesses ist jedoch etwas vollkommen anderes. Es ist ein sauberer, scharfer Schmerz, der uns vorwärts bringt. Diese Art legitimen Schmerzes ist in Ordnung. Er gehört zum Wesen des Lebens. Veränderung ist einfach schmerzhaft. Das ist immer so. Doch dieses Leiden bringt uns weiter. Während wir so um Veränderung ringen, erweitert sich unser Bewußtsein und unser Geist und unsere Seele werden gestärkt.

Es ist schwer, das unrechtmäßige Leiden aufzugeben, das wir so viele Jahre lang ertragen haben und das »rechtmäßige Leiden« der Veränderung auf uns zu nehmen. Aber es sind Dinge geschehen, die uns zu einem Änderungsversuch zwingen. Manchmal ist es ein traumatisches Ereignis, das mit unserer Unordnung zusammenhängt und uns dazu bewegt, diese Art Leben aufzugeben. Oder wir sind unsere wenig lohnenswerte Lebensweise zunehmend leid geworden. Oder wir haben eine Vision oder eine

Einsicht über eine andere Lebensweise erhalten, eine Gnade, die uns zuteil geworden ist. Ich schätze, es ist häufig eine Kombination verschiedener Aspekte. Wir sind an den Punkt angelangt, wo der letzte Tropfen Frustration das Fass zum Überlaufen gebracht hat. Dann beginnen wir, uns zu verändern.

Immer sachte

Bei den AM geht es um Veränderung. Das kommt auch in vielen anderen Slogans zum Ausdruck. Dieser Slogan rät uns, wie wir diese Veränderungen in Angriff nehmen sollen, nämlich in Maßen. Wir müssen die Bedeutung dessen erfassen, was hier wirklich geschieht. Veränderung ist bedrohlich, für uns und für unsere Mitbewohner. Dieser Slogan ermahnt uns, die Sache langsam anzugehen.

Wenn wir versuchen, uns zu schnell zu verändern, riskieren wir es, unseren eigenen Fortschritt zu sabotieren. Es ist besser, zunächst eine kleine Verhaltensänderung vorzunehmen und dann zu schauen, wie sich das auf unsere Gefühle und Beziehungen auswirkt. Wir alle haben schon im Fernsehen gesehen, wie Bergsteiger eine Wand erklettern. Sie machen eine Bewegung nach oben und halten dann inne, um zu sehen, ob ihr Schritt auch sicher ist, bevor sie den nächsten tun. Wenn man zu schnell nach oben klettert, ist das gefährlich. Auch in unserem Fall ist das so. Wenn wir über die Veränderung unserer chaotischen Lebensweise aus dem Häuschen geraten und völlig unüberlegt an diese Aufgabe herangehen, werden wir uns am Ende vielleicht gar nicht ändern. Wir rühren dann nämlich so viel Angst und seelischen Stress in uns auf, dass wir schließlich zu dem alten, vertrauten, wenn auch destruktiven Lebensstil der Desorganisation zurückkehren. Oder wir erzeugen so viel Angst bei denen, die mit uns leben, dass sie unserem Veränderungsprozess Widerstand leisten, indem sie uns sagen, wir würden zu Fanatikern, dass es vorher leichter war, mit uns zu leben, oder indem sie selbst noch unordentlicher werden. Unsere Familien haben sich vorher mächtig über unsere Haushaltsführung beschwert, aber wenn wir eine Veränderung einleiten, sind sie auch die ersten, die sich darüber beklagen. Wenn sich ein Mitglied der Familie ändert, stört das das ganze System der Beziehungen untereinander, das sich entwickelt hat, damit der Einzelne mit diesem Leben klarkommt. Veränderung erzeugt Angst. Wie es natürlich ist, dem Schmerz unseres desorganisierten Lebens durch Veränderung entkommen zu wollen, ist es ebenso natürlich, bei uns selbst und anderen den Widerstand auf diese Veränderung zu spüren. Kurzfristig ist es leichter, sich nicht zu ändern. Langfristig wird die Aufrechterhaltung des Status quo sich als untragbar erweisen.

Eine Selbsthilfegruppe der AM ist das ideale Umfeld, um bewusste und dauerhafte Veränderung zu bewirken. Es ist ein langfristiges Programm, in dem sich jeder Einzelne in seinem eigenen Tempo verändert, in dem Maße, wie er Einsicht und Mut gewinnt. Den Geschichten der anderen zuzuhören, und wie sie die Veränderungen verkrafteten, die sie zu einem geordneten Leben führten, hilft dem Einzelnen in der Gruppe, der sich überlegt, diese Veränderungen auch bei sich selbst vorzunehmen. Die Slogans machen Wichtiges immer wieder bewußt. Die Literatur erklärt und leitet an. Die Schritte weisen den Weg.

Hausarbeit ist ein Bereich, der sehr anfällig ist für Ängste und Konflikte. Die Selbstachtung und die Rollen, mit denen sich die einzelnen Familienmitglieder definieren, besonders ihre Männlichkeit und Weiblichkeit, treten bei der Haushaltsführung besonders zutage. Diese sensiblen Bereiche berühren wir nicht, ohne dass das Auswirkungen hat.

Ich sage damit nicht, dass wir Veränderungen vermeiden sollen. Oder dass Sie sich nur schleppend verändern sollen. Wir müssen uns ändern. Je eher desto besser. Ich sage das, damit diese Veränderung dauerhaft ist, und das müssen sie auf eine kluge

Weise bewirken. Das ist die Bedeutung des Slogans IMMER SACHTE.

Ein Tag nach dem anderen

Ein Hindernis, vor dem Messies stehen, ist ihre Unfähigkeit, sich auf die Gegenwart zu konzentrieren. Es ist ihr Wunsch, in der Gegenwart zu stehen mit einem langen Arm, der so weit wie möglich in die Vergangenheit zurückreicht und dem anderen, der sich so weit wie möglich in die Zukunft erstreckt.

Aber wir leben »jetzt«. Wie freue ich mich an meinem Haus an diesem Tag, in diesem Zeitrahmen? Ist mein heutiges Leben so, dass ich für den Rest meines Lebens so weiterleben möchte? Angenommen, Ihr Haus würde in seinem jetzigen Zustand für alle Zeiten »eingefroren«? Wäre das eine Katastrophe? Vermutlich. Nun, die einzige Möglichkeit, alle zukünftigen Tage zu ändern, ist die Konzentration auf das Hier und Heute.

Die Gegenwart ist wichtig, weil sie in kleinen täglichen Einheiten kommt. Es ist oft gesagt worden, dass ein Mensch nur an einem Tag erledigen kann, was er im ganzen Leben nicht tun könnte. Diese Vorstellung ist sehr wichtig für Messies. Wenn sie auf all das schauen, was noch getan werden muss, werden sie leicht entmutigt. Sie müssen an dem arbeiten, was sie für diesen einen Tag, und nur für diesen Tag, geplant haben. Es hat keinen Wert, zurück oder nach vorne zu blicken. Die Zeit der Veränderung ist die Gegenwart und nur diese.

7. Kapitel

Die Zwölf Konzepte
der Anonymen Messies

Was es bedeutet, an einem Treffen einer Selbsthilfegruppe teilzunehmen, die sich an dem Zwölf-Schritte-Programm orientiert, kann keiner ermessen, der es noch nicht getan hat. Wir finden dort eine Intimität und Gelassenheit, die in unserer Gesellschaft sonst nicht zu finden sind. Ruhig und Schritt für Schritt werden verletzte Menschen getröstet, verwirrte Menschen gewinnen neue Einsichten, und Menschen, die in der Verrücktheit des Lebens gefangen sind, genesen.

Diejenigen, die an diesen Treffen teilnehmen, erhalten eine einzigartige Möglichkeit. Sie müssen sich selbst helfen, und sie müssen Hilfe erhalten durch die Dinge, die dort ausgetauscht werden. Die Chance, die in der Teilnahme an einem solchen Treffen liegt, hat mit den besonderen Traditionen und Gebräuchen dieser Gruppen zu tun wie:

❏ Anonymität

❏ Denen, die von ihren Problemen berichten, werden keine Ratschläge oder Tipps gegeben.

❏ Jeder und Jede in der Gruppe befasst sich mit sich selbst und versucht nicht, die anderen auf den »richtigen Weg« zu bringen.

❏ Die Einführung von wichtigen, lebensverändernden Grundsätzen durch die Zwölf Schritte.

Warum hat sich das AA Programm bei vielen Alkoholikern positiv ausgewirkt, denen andere Programme nicht geholfen haben? Worin lag die Macht von AA, einen Alkoholiker zu verändern? Wenn jene, deren Leben durch Alkoholismus zerstört waren, so verändert werden konnten, können wir, die wir unter Chaos und Unordnung leiden, sicher ebenfalls eine Lösung für unser Problem finden.

In dem Bemühen, ihr eigenes Leben und das anderer Alkoholiker zu retten, griffen die Begründer der AA auf medizinische Erkenntnisse, Religion und ihre eigenen Erfahrungen zurück, um ein funktionierendes System zu finden. Sie nutzten auch einige psychologischen Prinzipien von William James und Carl Jung. Doch sie betonten immer wieder, dass Medizin das Gebiet der Ärzte, Psychologie das der Psychologen und Religion das der Geistlichen sei. Die AA konzentrierten sich lediglich darauf, was sie am besten tun konnten und nannten ihr Programm spirituelle Prinzipen.

Die Anonymen Messies folgen den Prinzipien, die in den Zwölf Schritten zum Ausdruck kommen und sind der Überzeugung, dass das eigentliche Problem beim Organisieren unseres Haushalts nicht der Haushalt, sondern wir selbst sind. Wir sind irgendwie anders als unsere ordentliche Nachbarin. Ihre Wohnung ist genauso groß wie unsere, sie hat genauso viele Kinder und geht vielleicht auch, so wie wir, außer Haus arbeiten.

Doch sie hat nicht nur ihren Haushalt im Griff, sie kann sich gar nicht vorstellen, wieso jemand Probleme mit Chaos und Desorganisation haben könnte. Aber uns ist das nur zu klar. Sollten wir jemals in eine andere Wohnung ziehen und dabei nichts aus unserer jetzigen chaotischen Wohnung mitnehmen, stünden die Chancen doch ziemlich hoch, dass es dort in kurzer Zeit genauso aussehen würde, wie jetzt hier. Der Grund dafür liegt in uns, in unseren Denkmustern, unseren Gefühlen, unseren Charaktereigenschaften und unseren Gewohnheiten – mit ihnen müssen wir uns beschäftigen, und hier muss Veränderung geschehen, wenn wir uns überhaupt Hoffnungen auf einen geordneten Haushalt machen wollen.

Wie können wir uns verändern? Wir müssen solche Prinzipien in uns aufnehmen und umsetzen, die langsam, aber sicher unser Leben verändern. Diese lebensverändernden Konzepte, die ich im Folgenden vorstelle, wurden aus den Zwölf Schritten entwickelt. Andere haben wir aus eigener Erfahrung dazugewonnen. Wie es Zwölf Schritte und Traditionen der AA und vieler anderer ähnlicher Gruppen gibt, gibt es auch Zwölf Konzepte, von denen die meisten direkt aus den Zwölf Schritten abgeleitet wurden. Sie sind eine weitere Ermutigung für Einzelne oder Gruppen.

1. Einsicht:

Wir sind machtlos gegenüber unserer Ansammlung von Dingen, unsere Alltagsgestaltung ist außer Kontrolle geraten, und wir bekommen unseren Haushalt nicht in den Griff.

Wir haben versucht, etwas zu verändern und haben es nicht geschafft. Wir haben das Problem vor uns selbst und anderen heruntergespielt und versucht, es zu ignorieren. Wir haben nach Entschuldigungen gesucht. Nun sind wir bereit, das Problem nicht länger zu leugnen und uns dem wahren Ausmaß unserer Schwierigkeiten zu stellen. Wir können nicht finden, wonach wir suchen. Die Dinge, mit denen wir unser Leben verschönern wollten, machen uns das Leben unangenehm. Weil wir uns für den Zustand unserer Wohnung schämen, haben wir uns von anderen zurückgezogen. Wir haben Probleme mit den Menschen, mit denen wir zusammenleben. Unser Bemühen, etwas zu ändern, setzt uns unter Stress. Unsere Ohnmacht hat unsere Selbstachtung sinken lassen. Das sind die Fakten.

2. Vernunft:

Es gibt eine bessere Art zu leben. So weiterzuleben wie bisher ist nicht nur unproduktiv: Immer wieder dasselbe zu tun und dabei andere Ergebnisse zu erwarten, ist verrückt. Wir wollen eine vernünftige Lebensweise entwickeln.

Warum finden wir uns mit dieser Art zu leben ab? Wir haben uns an den Kampf gewöhnt. Manchmal scheinen wir in den von uns selbst hervorgerufenen Krisen sogar erst richtig aufzuleben.

Im Zentrum unseres Wahnsinns steht der Versuch, Gott spielen zu wollen. Dazu gehört zum Beispiel, dass wir versuchen, mit Dingen unsere innersten Bedürfnisse zu stillen. Das werden sie nie tun. Weil unsere Besitztümer uns unerfüllt lassen, häufen wir immer mehr an, nehmen mehr Unannehmlichkeiten in Kauf und arbeiten mehr, weil wir glauben, dass mehr Überfluss uns Befriedigung verschaffen wird. Das geschieht aber nicht. Also streben wir nach noch mehr. Es ist eine abwärtsgerichtete Spirale.

3. Demut:

Wir sind nicht wie Gott. Wir wollen uns von der Vorstellung lösen, wir müssten alles unter Kontrolle haben, jedem Mangel vorbeugen oder auf andere Weise vollkommen sein.

Es ist diese Vorstellung, die dazu geführt hat, dass wir zu viel aufbewahren, zu viel tun und zu viel sein wollen. Unser Wunsch, Kontrolle über unser Leben auszuüben, hat uns in diese missliche Lage gebracht. Wir glaubten, dass wir unsere Bedürfnisse und die unserer Mitmenschen befriedigen könnten, wenn wir genug Dinge ansammeln oder uns in viele Aktivitäten stürzen. Ironischerweise haben wir gerade dadurch die Kontrolle über unser Leben verloren, und haben mehr unbefriedigte Bedürfnisse als zuvor. Wir sind nicht Gott. Wir sind Menschen. Wir haben unsere Grenzen. Wir können nicht für alles Vorsorge treffen oder alles erreichen. Wir müssen lernen, das zu akzeptieren und im Licht dieser Realität zu leben. Wenn wir uns auf uns selbst konzentrieren und gut für unsere Bedürfnisse sorgen, statt zu versuchen, für alle alles zu sein, wird sich unser Leben verändern.

In erster Linie müssen wir unsere hochtrabenden Vorstellungen aufgeben. Wir brauchen keine Superstars zu sein, um mehr Bedeutung zu erlangen. Wir brauchen nicht immer mehr Besitz anzuhäufen und uns in mehr Aktivitäten zu stürzen, dauernd Erfolg zu haben und für andere vorzusorgen, um in dieser Welt etwas zu gelten. Bill W. schrieb in den »Zwölf Schritte und Zwölf Traditionen«: »Noch wunderbarer ist das Gefühl, dass wir uns gegenüber unseren Mitmenschen nicht besonders hervortun müssen, um nützlich und im Tiefsten glücklich zu sein.« Wir brauchen nicht noch mehr Bücher zu kaufen, noch mehr Informationen auszuschneiden und einzuordnen, noch mehr Belege aufzuheben, noch mehr Spielzeug für unsere Kinder zu sammeln, noch mehr Küchenutensilien zu besitzen, uns in noch mehr Aktivitäten zu stürzen, um uns das Recht zu verdienen, in dieser Welt zu leben. Gemäßigt zu leben, in vernünftigem Dienst am Nächsten unseren Platz neben anderen Menschen einzunehmen, den Sinn unseres Lebens in gemäßigter Weise auszuleben ohne uns selbst und anderen etwas beweisen zu müssen, indem wir mehr tun und mehr sammeln, das bringt uns dauerhafte und legitime Befriedigung. Das ist der Segen der Demut.

4. Vision:

Wir wagen es, von Ordnung und Schönheit, Harmonie und Würde in unserem Zuhause zu träumen. Solch ein Leben ist selbst dem unordentlichseten aller Menschen möglich.
Wir müssen unseren Blick von dem Chaos und dem Krempel, der uns umgibt, lösen und eine größere Perspektive ins Auge fassen. Manche nennen das eine Vision von einem besseren Leben. Andere bezeichnen es als Traum, der wahr werden kann.

Wenn wir den Versuch aufgeben, perfekt zu sein, werden wir entdecken, dass das Annehmen unserer Begrenztheit uns die

Gelassenheit schenkt, in der wir die Kraft finden, unsere Vision Wirklichkeit werden zu lassen.

5. Selbsterkenntnis:

Wir sind bereit, uns unseren Fehlern zu stellen, seien es Gewohnheiten, persönliche Eigenschaften, Gefühle oder Denkmuster.

Die Furcht, Fehler zu machen, übertriebene Sentimentalität, Perfektionismus, Ablenkbarkeit, Vergesslichkeit, Verantwortungslosigkeit. Diese und viele andere sind harsche Worte für so wertvolle Menschen, wie wir es sind. Wir haben auch viele positive Eigenschaften. Sich ihrer bewusst zu werden, sollte auch Teil unserer Selbsterkenntnis sein. Aber zum Problem unserer Desorganisation gehören eben unsere Fehlhaltungen.

Selbsterkenntnis heißt auch, uns mit unserer Begrenztheit und unseren Unfähigkeiten anzufreunden. So lange haben wir versucht, ein so allumfassendes Leben zu führen, dass wir uns verausgabt haben. Kein Messie kann all die Dinge aufbewahren, die wir aufzubewahren versuchen, oder mit so vielen Terminen und Verpflichtungen leben, wie wir in unserem Kalender unterbringen wollen. Unsere Vorstellung von uns selbst und unseren Möglichkeiten ist grandioser, als sie sein sollte.

Doch Selbsterkenntnis ist nicht die ganze Antwort. Sie führt uns nur dazu, die Tatsache zu akzeptieren, dass wir machtlos sind gegenüber unserer Ansammlung von Dingen und unsere Alltagsgestaltung außer Kontrolle geraten ist, wie es im ersten Konzept heißt.

6. Ehrlichkeit:

Wir geben unsere Fehler zu und sind bereit, Handlungen, Gedanken und Gefühle, die zu unserem zerstörerischen Lebensstil beitragen, aufzudecken.

Manche Dinge sind nicht an sich schlecht, wirken sich aber destruktiv auf uns aus, wenn wir sie zu extrem betreiben. Wir müssen konkret werden. Benennen Sie Ihre Fehler und schreiben Sie sie auf. Wenn Sie wollen, bekennen Sie sie vor Gott und/oder teilen Sie sich einem Freund/Freundin oder Ratgeber mit, dem Sie vertrauen. Bill W. hat ganz klar gemacht, dass die einzigen Menschen, denen dieses Programm nicht hilft, die sind, die nicht ehrlich sein wollen.

7. Offenheit:

Es reicht nicht aus, unser Problem klar zu erkennen und unsere Verantwortung dafür zu akzeptieren. Wir wollen uns der Veränderung öffnen.

Manchmal scheinen Menschen alles nur Erdenkliche zu tun, um sich zu verändern, aber nichts geschieht. Dahinter steht ein tiefer Widerstand gegenüber der Veränderung. Wir fühlen uns mit dem, was uns vertraut ist, wohl, selbst wenn wir darunter leiden. Wir haben Angst davor, was passieren wird, wenn wir unsere Denkmuster oder unser Verhalten ändern. Es ist, als würde ein kleines Stück von uns sterben, wenn wir uns ändern. Wir fühlen uns unwohl, wenn wir einen Teil von uns aufgeben, selbst wenn dieser Persönlichkeitsanteil uns Schmerzen bereitet. Wir fürchten auch die Unsicherheit, die in unseren Familienbeziehungen entstehen wird, wenn unser verändertes Verhalten die alten Rollenverteilungen durcheinander bringt.

8. Planen:

Wir sind persönlich dafür verantwortlich, eine Lösung für unsere Probleme zu finden und entsprechende Pläne zu machen.

Auf der Suche nach einer Lösung werden wir vielleicht herausfinden, dass wir für mehrere Lebensbereiche Pläne machen müssen. Die Verantwortung liegt bei uns. Eine Veränderung kann so einfach sein wie die, in der Wohnung mehr praktische Aufbewahrungsmöglichkeiten zu schaffen oder Dinge so einzurichten, dass die tägliche Hausarbeit einfacher wird. Vielleicht müssen wir unseren Zeitplan verändern, damit wir mehr Zeit haben. Vielleicht müssen wir jemanden finden, der uns bei der Kinderbetreuung oder beim Saubermachen hilft. Unter Umständen benötigen wir medizinische Hilfe. Mit Sicherheit brauchen wir einen Plan, mit dem wir den Haushalt unter Kontrolle bringen und die Ordnung aufrechterhalten können. Diese Pläne sollten wir sorgfältig erarbeiten und aufschreiben.

9. Handeln:

Wenn wir die Pläne gefasst haben, werden wir handeln. Solange wir den Plan nicht umsetzen, wird sich nichts ändern. Wenn wir die Dinge weiterhin so handhaben wie zuvor, werden wir auch dieselben Ergebnisse erzielen. Hier liegt die Bedeutung des Satzes im Gebet um Gelassenheit: »Gott, gib mir Mut, die Dinge zu verändern, die ich ändern kann.«

Dieses Programm hat zwei Teile: den Haushalt in den Griff bekommen und dafür sorgen, dass das so bleibt. Zunächst scheint es das größte Problem zu sein, das Haus oder die Wohnung auf Vordermann zu bringen. Wenn das jedoch geschafft ist, muss sich erweisen, ob die Veränderung in Ihrem Leben echt ist, nämlich, ob Sie es schaffen, die einmal gestaltete Ordnung und Schönheit auch zu erhalten.

Das Geheimnis der Veränderung ist Folgendes: Sie müssen Ihr Augenmerk vom Haushalt weg auf die Veränderung der Strukturen Ihres Denkens, Fühlens und Handelns richten. Wo in diesen Bereichen vieles im Argen lag, dauert es vielleicht eine längere Zeit, diese Strukturen geduldig immer wieder zu hinterfragen. Es erfordert eine Menge Energie, andere Muster an ihrer Stelle zu entwickeln. Wenn Sie regelmäßig an den Treffen einer Selbsthilfegruppe teilnehmen, die Schritte durcharbeiten, das AM-Material durchlesen, sich auf die Slogans konzentrieren und die Zwölf Konzepte einen nach dem anderen anwenden, wird Sie das in die

Lage versetzen, Ordnung und Schönheit langfristig auch im täglichen Leben möglich zu machen. Seien Sie bereit, das für sich
selbst zu tun.

10. Ausdauer:

**Dies ist ein Marathon und nicht ein Sprint. Wir haben viel
Zeit benötigt, uns in dieses Chaos hineinzumanövrieren, und
es wird wahrscheinlich lange dauern, wieder herauszukommen. Wir wollen langsam und beständig vorangehen.**
Seien Sie geduldig. Seien Sie fleißig. Behalten Sie das Ziel im Blick,
nach dem Sie sich ausstrecken. Manchmal werden Sie versucht
sein, zurückzugehen, weil es so schmerzhaft ist, voranzugehen.
Aber der Schmerz, der entsteht, wenn wir die chaotische Lebensweise beibehalten, ist größer als der Schmerz der Veränderung,
der bald der Freude weichen wird.

Obwohl es wichtig ist, uns die Vision eines besseren Lebens vor
Augen zu halten, müssen wir unser Programm in der Kurzzeitper-
spektive eines Tages anwenden. Wie die Anonymen Alkoholiker
streben wir nicht nach einer Veränderung für unser ganzes Leben,
sondern konzentrieren uns darauf, »einen Tag nach dem anderen«
das zu tun, was nötig ist. Wir schauen nicht auf all die Arbeit, die
noch vor uns liegt. Als hätten wir Scheuklappen auf, konzentrieren
wir uns lediglich auf »eine Unordnung nach der anderen«.

Messies leben nach dem Prinzip »ganz oder gar nicht«. Wir
wollen zu schnell zu gut werden. Wir müssen diese Eigenschaft als
einen Mangel erkennen und uns weigern, diesem Hang in unserem Denken nachzugeben, der uns drängt, schnell Perfektion zu
erreichen. Wir wollen nicht Perfektion. Wir wollen Ausgewogenheit und Harmonie.

11. Abhängigkeit:

Es gehört zur menschlichen Natur, auf Hilfe angewiesen zu sein. Dies ist eine angemessene Weise der Abhängigkeit, der wir uns nicht länger verschließen wollen.

Stolz hält uns davon ab, um Hilfe zu bitten. Wir glauben immer noch, es allein schaffen zu können, selbst wenn schon auf schmerzliche Weise offensichtlich geworden ist, dass wir dazu nicht in der Lage sind.

Es kann sein, dass wir die Unterstützung einer Gruppe brauchen. Wir brauchen vielleicht einen Partner oder Sponsor. Vielleicht müssen wir einen professionellen Organisierer oder eine Reinigungsfachkraft anstellen. Vielleicht benötigen wir Unterstützung bei der Kinderbetreuung.

Wir müssen ehrlich zugeben, dass wir es allein versucht haben und gescheitert sind. Demütig müssen wir erkennen, dass wir Hilfe benötigen. Wer eine persönliche Beziehung zu Gott hat, wird auch in diesem Bereich um seine Hilfe bitten. Andere werden anderswo Hilfe suchen. Das ist ihre persönliche Entscheidung.

Abhängigkeit ist nicht eine kindische Haltung, wie die, die Unabhängigkeit und Autonomie so sehr betonen, uns glauben machen wollen. Es geht hier um »Interdependenz«, d. h. um eine gegenseitige Abhängigkeit. Modernes Denken und Technologie haben uns voneinander getrennt. Um unsere Menschlichkeit ganz zu leben, müssen wir zu einer gesunden Abhängigkeit voneinander und letztendlich auch von Gott finden.

Hier ist ein Wort der Warnung angebracht. Messies neigen dazu, ungesunde Abhängigkeit von Dingen und anderen Menschen zu entwickeln. Ein wichtiger Faktor bei der Genesung von unserem chaotischen Lebensstil ist es, den Unterschied zwischen gesunder und ungesunder Abhängigkeit zu erkennen.

12. Anteilnahme:

Wir denken nicht nur an uns selbst, sondern auch an die Menschen, die unter unserem chaotischen Lebensstil gelitten haben und die von den Veränderungen in unserem Leben betroffen sein werden. Wir richten unsere Aufmerksamkeit auch darauf, denen zu helfen, die wie wir unter Desorganisation leiden. Sie zu stärken wird uns stärken.

Einer der Vorteile, zu den Anonymen Messies zu gehören, liegt darin, dass wir dadurch mit anderen verbunden sind, die so sind wie wir. Wir sind nicht »anders«. Es gibt Menschen, die uns ähnlich sind, die unsere Situation verstehen, die kämpfen, wie wir es tun, und die auf dem Weg zu einem geordneten Leben Fortschritte machen. Zu wissen, dass wir nicht allein sind, ermutigt uns, eine Verbesserung unserer Situation zu erwarten.

Auch andere Konzepte sind auf dem Weg zur Genesung von einem chaotischen Lebensstil hilfreich: Würde, Beständigkeit, Hoffnung, Zügigkeit (das Gegenteil von Aufschieben) und ähnliches.

Wie auch die Zwölf Schritte sind diese Konzepte Vorschläge. Wir möchten Sie ermutigen, danach vorzugehen, aber es ist kein »Muss«. Die dritte Tradition der AA lautet: »Die einzige Voraussetzung für die Zugehörigkeit ist der Wunsch, mit dem Trinken aufzuhören.« Dazu schreibt Bill W.: »Das heißt, dass diese zwei oder drei Alkoholiker mit dem Trinken aufhören konnten, auf welche Weise sie es wünschten. Sie konnten manche oder alle Prinzipien der AA ablehnen und sich dennoch als AA-Gruppe bezeichnen.«

Wir hoffen, dass Sie sich mit unseren Konzepten identifizieren können und sich nach ihnen richten. Es ist wichtig, dass wir, die wir uns Anonyme Messies nennen, uns in unserem Vorgehen einig sind. Aber wir erkennen, dass unser Einfluss und unsere Kontrollmöglichkeit begrenzt sind, wenn es um die geht, die Befreiung von ihrem chaotischen Lebensstil suchen. Darüber freuen wir uns. Wir wollen andere nicht kontrollieren. Jeder und Jede ist für sich selbst verantwortlich. Jede Gruppe der Anonymen Messies ist für sich selbst verantwortlich. Indem sie das erkennen und danach handeln, praktizieren die Anonymen Messies als Gruppe dieselben gesunden Konzepte, zu denen wir auch den Einzelnen ermutigen. Zunächst einmal stehen wir demütig zu unseren Begrenzungen. Wir stehen auch gern zu unserer gegenseitigen Abhängigkeit. Wenn Sie also gute Ideen haben, die bei Ihnen funktionieren, teilen Sie sie anderen Betroffenen und uns mit, damit wir alle zusammen auf dem Weg der Genesung fortschreiten.

8. Kapitel

Wie funktioniert das bei mir?

Die große Frage lautet: »Wie funktioniert das bei mir? Kann ich eine Möglichkeit finden, ein geordnetes, organisiertes, harmonisches Leben zu führen, das frei ist von der Last des Chaos und der Unordnung?« Die Antwort möchte ich in Form einer Frage formulieren: »Wie stark ist Ihr Wunsch nach Veränderung?«

Für die meisten von uns reicht es nicht, nur an Veränderung interessiert zu sein. Der Wunsch nach Veränderung ist nicht genug. Die zweite Frage lautet: »Was sind Sie bereit, für eine Veränderung zu tun?« Wenn Sie nicht bereit sind, irgendwelche Veränderungen herbeizuführen, wird das Haus so bleiben wie es ist. In den Zwölf-Schritte-Gruppen wird das Gegenteil von geistiger Gesundheit oft so definiert: Die gleiche Sache tun und andere Ergebnisse erwarten.

Wir haben unser Leben nicht ganz im Griff, wie Sie wissen. Wir haben nur begrenzte Kontrolle über unsere Situation. Manche Karten in unserem Leben sind uns ausgeteilt worden. Auf die hatten wir keinen Einfluss. Das sind zum Beispiel unsere körperliche Verfassung, unsere Gesundheit, ADS, chemische Aspekte von Zwangserkrankungen und dergleichen. Doch manche Karten haben wir selbst gezogen und werden es auch weiterhin tun. So treffen wir Entscheidungen darüber, was wir kaufen sollen, wie wir unseren Haushalt organisieren, wie wir unsere Zeit einteilen, ob wir uns einer Gruppe anschließen oder einen Partner um Hilfe bitten wollen. In diesen Fällen haben wir selbst die Wahl. Das Beste ist, die Karten in unserer Hand bestmöglichst auszuspielen, ganz gleich, auf welche Weise wir sie bekommen haben.

In den Anfangszeiten von AA war einer der Wendepunkte im Leben von Bill W. der Abend, als ein »armseliger kleiner Priester« namens Vater Dowling unerwartet aus dem Sturm, der draußen tobte, in Bills kleines Zimmer über einem AA-Clubhaus in New York hereinhumpelte. Er war gekommen, um über seine eigene Arbeit mit Alkoholikern zu sprechen, doch es stellte sich heraus, dass sein Besuch sehr viel mehr für Bill bedeutete, der gerade gegen seine Depressionen ankämpfte. An diesem Abend öffnete Bill dem Fremden sein Herz, und als er ging, hatte Bill sich verändert. Bevor er ging, sagte Vater Dowling Bill, dass von allen Menschen, die je gelebt hatten, sie beide in diesem Zimmer die am meisten Gesegneten seien, weil von allen Menschen, die je gelebt hatten und je leben würden, sie jetzt am Leben seien, und eine Chance hätten, das ihre in der Welt beizutragen. Es sei eine Kraft in Bill, sagte er, die nur ihm zu eigen sei, und wenn er irgendetwas täte, um sie zu mindern oder zu blockieren, dann würde sie nie wieder auf dieser Erde existieren.

Heute leben Bill W. und Vater Dowling nicht mehr, und wir sind an ihrer Stelle da. Das ist *unsere* besondere Zeit. Daher können und dürfen wir nicht zulassen, dass Chaos irgendeiner Art, sei es sichtbar in unserer Wohnung oder in unserer Persönlichkeit, unsere Bestimmung in dieser Welt beeinträchtigt. Vielleicht wird der Kampf und der Sieg über das Chaos dazu beitragen, dass wir uns zu dem Menschen entwickeln, der wir sein sollen. Wir sind nicht aus Zufall hier. Es steht eine Absicht dahinter.

Unser oberstes Ziel besteht darin, den Zweck zu erfüllen, zu dem wir auf dieser Erde sind. Der besteht nicht darin, Glück zu finden. Nach Bequemlichkeit, Vergnügen und Glück zu streben, erweist sich oft als Einbahnstraße. In unserem Fall sammeln wir allen möglichen Krempel, unser Leben und unser Zeitplan sind völlig überfrachtet. Wir versuchen, wie Gott zu sein, und das Einzige, was wir erreichen, ist Wirrwarr und Unbefriedigtsein. Dennoch bedeuten uns diese Dinge so viel, dass wir zögern, sie aufzugeben. Aber wenn wir der Realität ins Auge sehen und beschließen, das Richtige zu tun, dann wird sich unerwartet das wahre Glück in unserem Leben einstellen. Auf Sie wartet ein Leben, das frei ist von der Bürde all dieses Krempels. Nur Sie können es für sich selbst entdecken. Wenn Sie das Geschenk der Verzweiflung wegen Ihres Problems erhalten haben, nehmen Sie es dankbar an.

Das Brechen von vertrauten Gewohnheiten ist nicht einfach. Es ist schmerzhaft. Die einzige Möglichkeit es zu tun, besteht darin, Ihr Verhalten zu ändern, so schwer das auch ist, und zu warten, dass der Schmerz nachlässt. Manchmal brauchen Sie einen Partner, ein anderes Mal eine Gruppe zur Unterstützung – und natürlich Gott. Sie brauchen während dieser Zeit der Veränderung auch Trost, weil ein kleiner Teil von Ihnen stirbt, und das tut weh. Doch unsichtbar und im Verborgenen wachsen auch neue Dinge in Ihnen. Diese werden stärker und angenehmer sein als die alten. Die Zeit wird kommen, da diese neuen Seiten Ihrer Persönlichkeit die Stelle der alten einnehmen, und Sie frei werden von der Last all dieses Krempels. Nie ganz frei natürlich, weil wir ja unverwechselbar menschlich sind. Wir werden immer wieder einmal in die alten Gefühls- und Denkstrukturen zurückfallen, die uns in diese Lage gebracht haben. Aber sie haben nicht mehr die Kontrolle über unser Leben.

Ein englischer Reporter fragte einen alten Seemann, ob es gefährlich sei, im Ärmelkanal zu fahren. Seine Antwort lautete: »Ja, es ist gefährlich, wenn man schwimmen kann.« Überrascht bat ihn der Reporter, das näher zu erklären. »Nun«, sagte der Seebär, »wenn Sie Schiffbruch erleiden und schwimmen können, werden Sie versuchen, sich durch Schwimmen selbst zu retten.

Das werden Sie jedoch nie schaffen. Ich kann nicht schwimmen. Wenn ich Schiffbruch erleide, klammere ich mich an das Wrack, bis ein Rettungshubschrauber kommt und mich holt.«

Das sind wir! Wir erleiden Schiffbruch. Wir erkennen, dass wir es nicht schaffen, allein an Land zu schwimmen. Wir klammern uns an das Wrack. Wir warten auf den Rettungshubschrauber.

9. Kapitel

Die Zwölf Traditionen

Die Zwölf Schritte gelten eher für den Einzelnen, während die Zwölf Traditionen sich auf die Gruppe beziehen. Sie sind ebenso wichtig wie die Zwölf Schritte. Da die AM-Gruppen keine Leiter haben, sind die Traditionen die notwendige Anleitung, damit die Gruppe in Einmütigkeit ihre Arbeit tun kann.

Wer sich den AM anschließt, tut das nicht, um die AM zu stärken. Man kommt dorthin, weil man für sich persönlich Hilfe sucht. Doch nur, wenn die Gruppe gut funktioniert, kann der Einzelne die Hilfe erhalten, die notwendig ist für die schwierige Veränderung, die er oder sie in ihrem Leben bewerkstelligen wollen. Die Traditionen sollen verhindern, dass die Gruppe auseinanderfällt oder ihre Kraft verliert, um dem Einzelnen zu helfen. Eine Gruppe, die die Traditionen ignoriert, bringt sich selbst in Gefahr, und das wiederum gefährdet die Unterstützung, die sie dem einzelnen Messie geben sollte, der in die Gruppe kommt, um dort Hilfe für seine Situation zu finden. Neuankömmlinge und langzeitige Mitglieder sollten die Traditionen kennen und ihre Anwendung respektieren.

Tradition Eins
Unser gemeinsames Wohlergehen sollte an erster Stelle stehen; die Genesung des Einzelnen beruht auf der Einigkeit in AM.

Wir sind Menschen, die dauernd Kontrolle ausüben wollen. Vielleicht gibt es keinen besseren Ort, um diese Neigung herauszufordern, als in einer Gruppe, in der wir ermutigt werden, nur uns selbst zu kontrollieren und auf die Kontrolle anderer zu verzichten. Wenn es Uneinigkeiten gibt, wie immer, wenn Menschen zusammenkommen, sollten wir unsere eigene Meinung nicht so wichtig nehmen und bereit sein, sie dem Willen der Gruppe unterzuordnen.

Damit wir uns als Individuen entwickeln können, müssen wir geduldig sein und tolerant gegenüber einem freien Austausch von Ideen, so sie ernsthaft als Teil des AM-Programms anzusehen sind. In verschiedener Hinsicht müssen wir uns auch in vernünftiger Weise selbst beherrschen. Wenn die Gruppe groß ist, müssen die Einzelnen ihre Redezeit einschränken, damit sich alle beteiligen können. Wer schüchtern ist und sich nicht so recht zu reden traut, sollte vielleicht darüber nachdenken, in welcher Weise sein Beitrag für andere eine Hilfe sein könnte.

Tradition Zwei
Für den Sinn und Zweck unserer Gruppe gibt es nur eine höchste Autorität, einen liebenden Gott, wie Er sich dem Gewissen unserer Gruppe zu erkennen gibt. Unsere Vertrauensleute sind nur betraute Diener, sie herrschen nicht.
Keiner ist der Leiter der Gruppe. Wir sind alle gleichgestellt. Je mehr wir in verschiedenen Positionen der Gruppe einander mitteilen, und je mehr wir diese Positionen nach einem vorher festgesetzten Zeitplan abwechselnd bekleiden, desto stärker wird die Gruppe. Gott sei Dank, dass es immer welche gibt, die bereit sind, »betraute Diener« zu sein.

Wenn Entscheidungen getroffen werden müssen, wäre es schön, wenn jede Entscheidung einmütig gefällt würde. Wenn solche Entscheidungen anstehen, bemühen wir uns um Übereinstimmung. Doch manchmal müssen auch Mehrheitsentscheidungen getroffen werden. Keiner ist hier letzte Autorität. Oft müssen solche Themen im Anschluss an das Gruppentreffen besprochen werden.

Auch was die Sponsoren angeht, gilt das Gleichheitsprinzip. Der Sponsor hört zu und weist auf mögliche Entscheidungen hin, aber er gibt keine Ratschläge oder versucht, einem Anderen bestimmte Handlungen zu diktieren.

Wenn es ein Problem in der Gruppe gibt, das anscheinend übersehen wurde, kann und sollte irgendein Mitglied darauf hinweisen, damit sich die Gruppe damit beschäftigen kann. Mit Bescheidenheit, Selbstbeherrschung und gutem Willen kann die zweite Tradition in die Tat umgesetzt werden.

Tradition Drei
Die einzige Voraussetzung für die Zugehörigkeit ist der Wunsch nach Freiheit von unnützem Krempel und einem desorganisierten Lebensstil. Jede Gruppe darf sich »Anonyme Messies« nennen, sofern sie als Gruppe keiner anderen Organisation zugeordnet ist.

Diese Tradition schützt im ersten Teil den Einzelnen und im zweiten Teil die Gruppe.

Der erste Teil versichert dem Neuankömmling, dass jeder willkommen ist, der sich ändern will. Wir sind möglicherweise die heterogenste Gruppe der Welt. Wir haben alle einen ganz unterschiedlichen Hintergrund, aber dasselbe Problem: Wir suchen Hilfe für unseren desorganisierten Lebensstil. Darum geht es in der AM-Gruppe. Wir verfolgen keine anderen Interessen.

Der zweite Teil wiederholt noch einmal, dass die AM unabhängig sind und keine anderen Organisationen oder Themen in ihrem Programm vertreten. Es gibt zweifellos viele gute Programme zu vielen guten Themen. Doch ein AM-Treffen sollte sich ausschließlich auf den Themenkreis und die Philosophie der AM konzentrieren. Auf dem Gebiet der Organisation gibt es viele verschiedene Ansätze, die sich als hilfreich erweisen können. Für unsere Zwecke müssen wir den Ansatz der AM unverfälscht erhalten. Wenn wir Sprecher oder Pressevertreter haben, müssen sie mit dem Ansatz von AM vertraut sein und hinter ihm stehen, damit keine Verwirrung entsteht.

Tradition Vier:
Jede Gruppe sollte selbstständig sein, außer in Dingen, die den Grundsätzen des Programms der AM und den Richtlinien, so wie sie in der AM-Literatur beschrieben sind, widersprechen würden.

Jede Gruppe hat die Freiheit, den Ablauf ihrer eigenen Treffen und die Diskussionsthemen selbst zu bestimmen. Sie kann festlegen, wann und wo sie sich trifft, wie oft und für wie lange. Sie entscheidet, wie die Treffen eröffnet und beendet werden, und was man mit den zur Verfügung stehenden Geldern macht.

Im Kontext dieser Freiheit, hat jede Gruppe die Verantwortung, den Charakter der Gemeinschaft der AM aufrechtzuerhalten. Diejenigen, die mit dem Stil des Zwölf-Schritte-Programms vertraut sind, wissen, dass es sich hier einzig und allein um Treffen handelt, die dazu dienen, die Gruppenmitglieder zu unterstützen. Wer in eine andere Gruppe in einem anderen Teil des Landes wechselt, sollte unschwer die Struktur, die Gedanken, die Literatur und die Zielsetzung der Anonymen Messies wiedererkennen.

Die Struktur der AM-Treffen wird in einem späteren Kapitel beschrieben, wo es um die Gestaltung eines solchen Treffens geht. Im Großen und Ganzen drehen sich die Themen um die Schritte oder Traditionen. Der »Redner« ist im Allgemeinen eines der Mitglieder, der seine oder ihre Sichtweise der Schritte oder Traditionen wiedergibt. Er oder sie kann auch etwas aus einem AM-Buch vorlesen. Er braucht keine Rede vorzubereiten, lediglich diesen Teil des Programms zu leiten. Gelegentlich könnte die Gruppe auch einen Redner von außen einladen.

Wenn Entscheidungen anstehen, sollte die Gruppe bedenken, welche Konsequenzen innerhalb und außerhalb der Gruppe daraus folgen.

Tradition Fünf
Die Hauptaufgabe jeder Gruppe ist es, denen zu helfen, die nach einem vernünftigen, organisierten Lebenstil suchen.
Diese Tradition bezieht sich auf den zwölften Schritt. Wir wissen, dass wir, um uns selbst zu helfen, die Botschaft der Hoffnung an andere weitergeben müssen, die wie wir an Desorganisation leiden. Indem wir anderen helfen, bewahren wir uns selbst vor dem Rückfall in alte Gewohnheiten. Hilfe zu erhalten, und dann andern die Hilfe zu verweigern, ist eine gefährliche Sache für Messies.

Wir müssen uns auch vor Augen halten, dass unsere Aufgabe einzig und allein darin besteht, desorganisierten Menschen zu helfen, in dem Ausmaß, wie sie es selbst wünschen, ein organisiertes Leben zu führen. Wir wollen uns nicht von anderen Interessen ablenken lassen, ganz gleich, wie sinnvoll sie auch sein mögen. In einem vertraulichen und liebevollen Umfeld bieten wir Trost, Hoffnung, neue Einsichten und Informationen an. Wir geben keine Ratschläge. Wir klatschen nicht über andere. Indem wir anderen auf verantwortliche Weise helfen, werden wir selbst reifer und gelassener.

Tradition Sechs
Eine AM-Gruppe sollte niemals irgendein außenstehendes Unternehmen stützen, finanzieren oder mit dem AM-Namen decken, damit uns nicht Geld-, Besitz- oder Prestigeprobleme von unserem eigentlichen Zweck ablenken.
Die Selbsthilfegruppen der Anonymen Messies sollten nicht »irgendein außenstehendes Unternehmen stützen, finanzieren oder mit dem AM-Namen decken«. Als Einzelne können wir uns

zusätzlich noch vielen anderen Gruppen anschließen. Aber diese anderen Unternehmen sollten bei den AM-Treffen nicht zur Sprache kommen. Der Name der Anonymen Messies sollte nicht mit anderen Unternehmen in Verbindung gebracht werden.

Andere Interessen, die nicht von allen Mitgliedern unterstützt werden, führen leicht zur Kontroverse. Doch für unser Programm ist Einmütigkeit sehr wichtig.

Tradition Sieben
Jede AM-Gruppe sollte sich selbst erhalten und von außen kommende Unterstützungen ablehnen.

Diese Tradition besteht aus zwei Teilen. Erstens: Jede Gruppe muss die Verantwortung für ihre finanziellen Bedürfnisse selbst übernehmen. Das geschieht durch das Geld, das von den Mitgliedern im Laufe des Treffens in den Korb gelegt wird. Es gibt keine Teilnahme- oder Mitgliedsbeiträge. Dieses Geld darf ausschließlich für AM Angelegenheiten ausgegeben werden, wie aus der Tradition Sechs hervorgeht. Jede Gruppe hat die Freiheit zu entscheiden, wie sie das in der Gruppe gesammelte Geld für eigene Zwecke verwendet, oder ob Geld an die AM-Geschäftsstelle geschickt wird, um die Arbeit der AM auf nationaler und internationaler Ebene zu unterstützen.

Der zweite Teil dieser Tradition besagt, dass nur AM-Mitglieder finanzielle Beiträge leisten dürfen. Das unterstreicht ein Prinzip der AM, dass nämlich, so wie die AM-Gruppen sich selbst tragen, ein jeder für seine eigene Genesung verantwortlich ist.

Tradition Acht
Die Tätigkeit in AM sollte immer ehrenamtlich bleiben; jedoch dürfen unsere zentralen Dienststellen Angestellte beschäftigen.

Bei den Selbsthilfegruppen der Anonymen Messies geht es darum, dass einer dem anderen hilft. Wir ermutigen und helfen uns gegenseitig durch den persönlichen Kontakt zu anderen, die, wie wir, mit dem Problem der Desorganisation zu ringen haben. Fachleute, die selbst Messies sind und in der Gruppe Hilfe suchen, müssen sich vor Augen halten, dass sie in der Gruppe Gleiche unter Gleichen sind. Sie sind als Messies da, damit ihnen geholfen wird, und sie selbst anderen helfen, nicht als Fachleute.

Auf nationaler Ebene, wo viel Organisatorisches und Büroarbeit anfällt, um die Arbeit der Organisation aufrechtzuerhalten, können Angestellte beschäftigt werden, die nicht notwendigerweise AM-Mitglieder sein müssen.

Tradition Neun
AM selbst sollte niemals organisiert werden. Jedoch dürfen wir Dienst-Ausschüsse und -Komitees bilden, die denjenigen verantwortlich sind, welchen sie dienen.
Jede Gruppe braucht ein gewisses Maß an Organisation, um den Fortgang ihrer Arbeit zu gewährleisten. Diese Tradition besagt, dass die Organisation der Zwölf-Schritte-Gruppen, die den zwölf Traditionen folgen, relativ locker ist. Es gibt keine ständigen offiziellen Leiter. Es mag für einen starken Leiter leicht sein, die Gruppe auf einer mehr oder wenig permanenten Grundlage zu leiten. Das ist jedoch nicht die beste Lösung. Die Verantwortlichen für die Finanzen, die Programmgestaltung, die Erfrischungen und dergleichen wechseln am besten immer wieder innerhalb der Gruppe. Sie sind »betraute Diener«. Solche Positionen sollten auch an neue Mitglieder delegiert werden, sobald sie bereit sind, Verantwortung innerhalb der Gruppe zu übernehmen. Komitees sollten ihre Vorschläge der Gruppe unterbreiten, die diese dann während eines geschäftlichen Teils bespricht, der am besten vor oder nach dem eigentlichen Treffen stattfindet oder, wenn es nötig ist, während dieses Treffens. Gemäß der zweiten Tradition herrschen diese Verantwortlichen nicht; sie dienen der Gruppe.

Tradition Zehn

AM nimmt niemals Stellung zu Fragen außerhalb ihrer Gemeinschaft; deshalb sollte auch der AM-Name niemals in öffentliche Streitfragen verwickelt werden.

AM nimmt niemals Stellung zu Fragen außerhalb ihrer Gemeinschaft. Einzelne Menschen aus ganz unterschiedichem Umfeld, mit unterschiedichen Ansichten und Interessen kommen zusammen, um Hilfe für die Überwindung ihres desorganisierten Lebensstils zu finden. Das ist unser einziges Anliegen bei unseren Treffen oder bei Aktivitäten der AM außerhalb der Gruppe.

Auf jeden Fall sollten wir vermeiden, uns als AM in öffentlichen Streitfragen zu äußern.

Tradition Elf

Unsere Beziehungen zur Öffentlichkeit stützen sich mehr auf Anziehung als auf Werbung. Deshalb sollten wir auch gegenüber Presse, Rundfunk, Film und Fernsehen stets unsere persönliche Anonymität wahren.

Die Demut ist ein wichtiges Konzept, an das wir uns erinnern müssen, wenn sich die Gelegenheit bietet, AM publik zu machen. Wichtig sind nicht die Einzelnen, sondern die Prinzipien der AM. Die Wahrung der Anonymität ist ein Zeichen dafür, dass wir alle Gleiche unter Gleichen sind. Kein Einzelner ragt als wichtiger Repräsentant unserer Gemeinschaft heraus.

Diese Tradition bedeutet, dass die Einzelnen das Vorrecht und die Verantwortung haben, die Anonymität zu wahren. Wir brauchen uns nicht davor zu fürchten, in der Öffentlichkeit erkannt zu werden. Keiner gibt den vollen Namen eines anderen Gruppenmitglieds preis. Auf der anderen Seite ist es nicht notwendig, die Arbeit der Anonymen Messies geheim zu halten oder die Hilfe, die wir dort erhalten haben. Anderen, die in der gleichen Notlage sind, kann es ja nur nützen, wenn sie von der Hilfe erfahren, die allen zur Verfügung steht, die an ihrem desorganisierten Lebensstil leiden. Oft muss man von der Situation her einschätzen, wie man unsere Botschaft verbreiten und doch unsere persönliche Anonymität wahren kann.

Da die AM nicht als traditionelle Zwölf-Schritte-Gruppe begonnen und sich anfangs nicht an die Zwölf Tradionen gehalten haben, ist die Anonymität auf nationaler Ebene nicht immer möglich.

Tradition Zwölf
Anonymität ist die spirituelle Grundlage aller unserer Traditionen, die uns immer daran erinnern soll, Prinzipien über Personen zu stellen.

Auch diese Tradition betont die Wichtigkeit der Anonymität. Menschen, die in eine Zwölf-Schritte-Gruppe kommen, sind dankbar für den persönlichen Schutz, den diese Anonymität ihnen gewährt. Ihr Kampf gegen das Chaos, eine Situation, der sie sich vermutlich schämen, kann vor sich gehen, ohne dass sie sich Sorgen machen müssen, vor denen in Verlegenheit zu kommen, die kein Verständnis für diese Situation haben. Sie können ihre Kämpfe und ihre Probleme mit Familienmitgliedern und Freunden auf einer persönlichen Ebene loswerden, wenn sie das wollen – oder auch nicht. Das man das so tun kann, wie man es selbst möchte, ist sicherlich ein wertvolles Geschenk.

Wir müssen gute Öffentlichkeitsarbeit leisten, damit Menschen außerhalb der AM, die an unserer Arbeit interessiert sind, von uns erfahren. Die Anonymen Alkoholiker merkten bald, dass wohl die Mund-zu-Mund-Propaganda zu schwerfällig war, um all jene zu erreichen, die ihre Hilfe brauchten, dass aber die Hervorhebung von einzelnen Persönlichkeiten, ganz gleich, wie erfolgreich diese waren, Probleme erzeugte.

In einem größeren Zusammenhang ist Anonymität wichtig, weil sie die Gruppe schützt. Keine einzelne Person repräsentiert die AM. Die Gruppe arbeitet als Ganzes auf der Grundlage von

Prinzipien. Wir, die wir so sehr Kontrolle ausüben wollen, verzichten auf persönliche Kontrolle zugunsten der vereinten Bemühungen der Gruppe, die auf Prinzipien beruhen.

Demut ist die Grundlage dieses Prinzips. Demut gestattet uns, die Anonymität zu wahren und »Prinzipien über Personen« zu stellen.

10. Kapitel

Eine AM-Gruppe gründen und führen

Eine Gruppe finden oder gründen

Vielleicht gibt es in Ihrer Nähe bereits eine AM-Gruppe. Wenn Sie das nicht wissen, wenden Sie sich an folgende Adresse:

Anonyme Messies Deutschland

c/o Susanne Herms

In der Roten Erde 24

37075 Göttingen

Tel/Fax: 05 51 – 37 69 85

Wenn es in Ihrer Gegend keine solche Gruppe gibt, möchten Sie vielleicht selbst eine gründen. Jeder Messie kann eine AM-Gruppe beginnen. Zunächst müssen Sie einfach einmal einen Versammlungsort finden. Das kann ein Raum in einer Kirchengemeinde oder ein anderer öffentlicher Raum sein. Dann schreiben Sie an die obenstehende Anschrift und informieren Sie die AM Deutschland von Ihrem Plan. Wir schicken Ihnen dann Informationsmaterial zur Gründung einer Selbsthilfegruppe und auch weitere Arbeitsmaterialien. Es ist gar nicht schwer, eine Selbsthilfegruppe ins Leben zu rufen

Es werden keine Teilnahme- oder Mitgliedsbeiträge erhoben, aber es hat sich eingebürgert, im Laufe des Treffens einen Sammelkorb herumgehen zu lassen, um die Ausgaben der Gruppe zu decken und eventuell an die Zentralorganisation zu spenden.

Solche Ausgaben können die Raummiete sein, die Kosten für Erfrischungen oder Literatur, die Sie an Mitglieder verkaufen oder verleihen wollen.

Wir alle hätten am liebsten eine große, dynamische Gruppe, deren Mitglieder gemeinsam daran arbeiten, ihren chaotischen Lebensstil zu überwinden. Aber seien Sie nicht enttäuscht, wenn Ihre Gruppe nur langsam wächst. Dafür gibt es viele Gründe. Alles was Sie tun müssen, ist, Ihre Treffen so interessant und hilfreich wie möglich zu gestalten. Folgen Sie bei Ihren Treffen den Richtlinien von AM. Die Ergebnisse liegen nicht mehr in Ihrer Hand.

Um neue Mitglieder bei der Stange zu halten, ist es sinnvoll, dass jedes Mitglied einen Sponsor oder Clutter Buddy (Aufräumpartner) zur Seite hat. Wenn ein älteres Mitglied Kontakt zu einem Neuankömmling hält, ist das ein mächtiger Anreiz, wieder in die Gruppe zu kommen. AM ist nur für Leute, die das Programm, das wir anbieten, auch wirklich brauchen und damit arbeiten wollen.

Gestaltung der Gruppentreffen

Ein Treffen der AM enthält zum Beispiel die folgenden Elemente:
- ❑ Begrüßung
- ❑ Gemeinsames Lesen der zwölf Konzepte
- ❑ Vorstellungsrunde und Begrüßung der neuen Teilnehmer
- ❑ Motto für Messies und Ankündigungen
- ❑ Thema (Vortrag)
- ❑ Austausch
- ❑ Zielsetzung
- ❑ Abschluss
- ❑ Gebet um Gelassenheit.

Der Leiter der Gruppensitzung, der durch das Programm führt und die Grundlagen der Gruppe vorliest, ist nicht notwendigerweise der/dieselbe wie der »Redner«, der zum Thema der jeweiligen Sitzung spricht. Doch das hängt von der Größe der Gruppe ab. Dieser Ablauf ist nicht obligatorisch. Ich möchte die einzelnen Gruppen ermutigen, ein eigenes Ablaufmuster zu entwickeln und sich dann konsequent daran zu halten. Jede Abänderung sollte mit Bedacht geschehen, und die Gesamtgruppe muss dahinter stehen.

Der »Redner« ist die Person, die für den thematischen Teil des Treffens verantwortlich ist.

Die Treffen sind in der Regel einem Thema gewidmet. Jeder erhält Gelegenheit, sich zu diesem Thema zu äußern. Die Atmosphäre sollte ungezwungen sein. Die Teilnehmer, die mit dem Problem eines chaotischen Lebensstils zu kämpfen haben, sind ja gekommen, um zu erfahren, wie sie ihr Denken, ihre Gefühle, Einstellungen und Verhaltensweisen ändern können.

Eine Gruppe kann sich so oft treffen, wie sie es wünscht. Manche treffen sich einmal im Monat, andere wöchentlich. Einmal monatlich reicht einem neuen Mitglied wahrscheinlich nicht, um mit dem Programm der Gruppe vertraut zu werden. Auch andere werden Mühe haben, bei der Stange zu bleiben und ihre Motivation nicht zu verlieren. In allen Fällen sollte man jedoch besonders darauf achten, den persönlichen Kontakt zu Clutter Buddys oder den regelmäßigen telefonischen Kontakt der Mitglieder zwischen den Treffen zu fördern.

Das Treffen könnte ein oder zwei Stunden dauern, das muss die Gruppe jeweils selbst festsetzen. Der Programmablauf sollte der Länge dieser Treffen angepasst werden.

Themenvorschläge für die Treffen

1. Lesen der Schritte

Manche Gruppen nehmen sich für jedes Treffen einen Schritt vor. Da es sich um zwölf Schritte handelt, erarbeiten einige Gruppen übers Jahr einen Schritt pro Monat.

2. Lesen der Slogans

3. Lesen der Traditionen

4. Lesen der Konzepte

5. Persönliche Erfahrungen
Jemand berichtet von der Veränderung in seinem/ihrem Leben. Diese Person braucht nicht den Zustand perfekter Ordnung erreicht zu haben, aber sie sollte Einsichten, Ermutigungen oder Informationen zu bieten haben, die die Zuhörer bestärken und ermutigen.

6. Podiumsdiskussion
Einige Mitglieder beantworten Fragen, die von den Teilnehmern anonym gestellt wurden.

7. Eingeladene Redner
Psychologen, professionelle Organisierer und andere Fachleute, die mit unserem Problem vertraut sind, können als Redner eingeladen weden. Sie sollten mit den Zwölf Traditionen vertraut sein.

8. Literaturtreffen
Der »Redner« liest ein Kapitel aus einem entsprechenden Buch zum Thema, das dann von den Teilnehmern diskutiert wird. Oder der entsprechende Abschnitt wird reihum von den Mitgliedern gelesen.

9. Auch andere Variationen sind möglich. So könnte der Leiter des jeweiligen Treffens einige Zettel mit Sätzen (Schritte, Slogans, Konzepte usw.) in einen Korb legen. Jeder Teilnehmer, der das möchte, zieht einen solchen Zettel und spricht über diesen Satz.

10. Treffen für neue Teilnehmer

Neue Teilnehmer könnten im Anschluss an das Treffen noch etwas dableiben, um von einem erfahrenen Mitglied nähere Informationen zum Programm zu erhalten, oder sie werden eingeladen, etwas früher zum nächsten Treffen zu kommen. Das kann im Laufe der Woche auch etwas zwangloser durch den ihnen zugeordneten Partner geschehen.

Die Grundlagen der Gruppe vorlesen

Weil es, außer in Zwölf-Schritte-Gruppen, in der Regel nicht üblich ist, achten die Leiter der jeweiligen Treffens oft nicht darauf, dass die Zielsetzung unserer Arbeit einschließlich der Zwölf Schritte und Zwölf Traditionen bei jedem Treffen vorgelesen werden sollte. Das mag manchmal langweilig sein, aber es ist notwendig. Da es keinen offiziellen Leiter oder Lehrer in der Gruppe gibt, dienen diese Regeln als Anleitung für die Gruppe und sollen sie vor unnötigen Problemen bewahren.

Sich an die Planung halten

Denken Sie daran, dass die Treffen der AM von und für desorganisierte Leute angesetzt werden, denen es schwer fällt, Grenzen zu setzen. Das ist einer der Gründe, weshalb der Ablauf des Treffens und der dazu gehörige Zeitplan im Voraus beschlossen werden muss. Es darf einzelnen Teilnehmern nicht gestattet werden, diesen geordneten Ablauf zu durchkreuzen.

Kein Dazwischenreden

Die Erfahrung hat gezeigt, dass es gut ist, wenn niemand während des Treffens dazwischenredet. Das heißt, dass kein Teilnehmer reden darf, außer, wenn er oder sie an der Reihe ist. Normalerweise wird das in der Zeit des Austauschs oder während der Zielsetzung sein. Für alle weiteren Kommentare ist nach dem

Treffen noch Zeit. Es gibt auch keine spontanen Diskussionen oder Fragestellungen.

Geschäftssitzungen, die oft im Anschluss an die regulären Treffen oder zu einer anderen Zeit abgehalten werden, folgen dem allgemeinen Ablauf von Geschäftssitzungen und nicht notwenigerweise diesen Richtlinien.

Jeder konzentriert sich auf sich selbst

Diejenigen, die gerade sprechen, sollten sich auf sich selbst konzentrieren und nicht versuchen, ihren Vorrednern Ratschläge zu erteilen. So sollten sie immer in der Ichform sprechen. Das hört sich dann folgendermaßen an: »Ich finde es gut, was du zu deinem Problem mit dem Zaudern gesagt hast, Beate. Als ich dir zuhörte, habe ich gemerkt, dass der Grund, weshalb ich nicht mehr schaffe, darin liegt, dass ich die wirklich wichtigen Dinge immer vor mir herschiebe und mich dauernd mit unwichtigen Dingen beschäftige. Ich glaube, ich verhalte mich so, weil die wichtigen Dinge mir viel schwerer fallen. Um ein Beispiel zu nennen: ...«

Atmosphäre des Treffens

Die hier beschriebene Vorgehensweise mag denen merkwürdig erscheinen, denen solche Treffen fremd sind. Sie werden jedoch merken, dass, wenn sich die Gruppe an diese Richtlinien hält, bei den Treffen eine ernsthafte und nachdenkliche Atmosphäre herrscht, die sich sehr fördernd auf die allmähliche Veränderung unseres Denkens, Fühlens und unserer Einstellungen auswirkt, sodass wir am Ende die geistige Gesundheit erhalten, nach der wir uns sehnen.

Anhang 1
Gebet einer verzweifelten Messie

Geh mit mir, Herr und halte mich an Deiner Hand. Der Weg zurück ist so lang, und ich bin schwach. Ich war nie sehr stark, um die Wahrheit zu sagen. Ein schwacher Mensch, der eine Aufgabe erledigt, die eigentlich einen stärkeren erfordert, der versucht, einen Haushalt in den Griff zu bekommen, der selbst einem von Natur aus organisierten Menschen eine Menge abverlangen würde. Mehr noch, ich muss meine Einstellungen, Gewohnheiten und Vorstellungen ändern. Jetzt brauche ich Deine Unterstützung, während ich dahin zurückgehe, wo ich sein sollte. Bleib also bei mir, Herr. Wenn der Weg schwierig wird, tröste mich. Wenn meine Vision von einem geordneten Haushalt schwächer wird, durchdringe mich mit dem Licht Deiner Pläne für Würde und Harmonie in meinem Leben. Wenn ich Angst vor all den Veränderungen habe, gib mir Mut, weil ein wunderbares Leben auf mich wartet, wenn ich nur auf den Berg hinauf komme und es sehen kann.

Was für eine dumme Sache, Herr. Etwas so Alltägliches. Kleider aufhängen, Papiere einordnen, Spielsachen wegräumen – und ich bitte Dich um Hilfe. Andere erledigen diese Dinge, ohne überhaupt darüber nachzudenken oder sie als Belastung zu empfinden. Aber ich bin nicht andere. Hilf mir also, Herr, an diesem meinem Schwachpunkt.

Während ich mich den Berg hinaufquäle, richte ich meine Augen auf Dich, von dem Gelassenheit, Ordnung, Harmonie, Würde und Schönheit ausgeht. Erleichtere mir die Last, die ich trage. Lass sie den Berg hinunterrollen und aus meinem Leben verschwinden. Dann hilf mir Tag für Tag, nicht wieder neue Unordnung zu schaffen und in einen chaotischen Lebensstil zuückzufallen.

Ach Herr, ich fühle mich so seltsam, dass ich wegen dieser Sache zu Dir komme. Sollte sich der mächtige Gott des Universums um all diesen Krempel und das Chaos kümmern? Aber ich weiß, dass Du Dich um mich kümmerst, um meine Schmerzen, meine Schwächen, mein Scheitern. Vielleicht – wer weiß, vielleicht – wird dieses Problem sich am Ende als etwas Gutes herausstellen, weil es mich zu Dir gezogen hat. Wie der Psalmist werde ich vielleicht eines Tages zurückblicken und sagen, dass es gut für mich war, so geplagt zu sein.

Noch etwas, Herr. Führe mich über die Bewältigung dieses Problems hinaus. Wenn ich nie ein Problem gehabt hätte, wenn mein Leben von Anfang an vollkommen und in jeder Hinsicht geordnet und harmonisch gewesen wäre, wäre es ohne Dich nicht richtig. Richte also meinen Blick über diesen Lebensbereich hinaus auf andere, die wichtiger sind. Obwohl Du angeboten hast, mir in meiner Not zu helfen, lass mich Dich nicht als Werkzeug sehen, das Dinge repariert, die in meinem Leben kaputt sind. Lass mich Dein Werkzeug sein, um Deinen Willen zu erfüllen. Dann, das spüre ich, werden die Dinge schon ins rechte Lot kommen.

Anhang 2
Persönliche Überlegungen
von Sandra Felton

Wie wurde Gott mit diesem Problem in Zusammenhang gebracht? Das ist sehr einfach. Wie ich schon kurz erwähnt habe, fuhr Roland, ein reicher amerikanischer Geschäftsmann, der unheilbarer Alkoholiker war, nach Europa, um bei dem bekannten Psychiater Carl Jung wegen seines Alkoholismus eine Therapie zu machen. Nach einem Jahr Therapie kehrte er nach Amerika zurück und fing sogleich wieder an zu trinken. Er fuhr wieder zu Jung und bat ihn, ihm die Wahrheit in Bezug auf seine Prognose zu sagen. Jung entgegnete ihm, er würde sich einschließen lassen oder einen ständigen Leibwächter anstellen müssen, wolle er sich nicht durch den Alkoholkonsum umbringen. Jung meinte, er halte Menschen, die dem Alkohol so verfallen waren wie Roland, für hoffnungslose Fälle.

»Gibt es keine Ausnahme?«, fragte er Jung.

Da sagte ihm Jung, dass es eine Ausnahme gebe. Im Laufe der Geschichte, so meinte er, hätten »Alkoholiker hin und wieder das erlebt, was wir starke spirituelle Erfahrungen nennen. Für mich sind diese Vorfälle Phänomene. Sie sind anscheinend von der Art großer emotionaler Verschiebungen oder Umstellungen. Vorstellungen, Gefühle und Einstellungen, die früher das Leben dieser Menschen bestimmt hatten, werden plötzlich abgelegt, und sie werden von vollkommen neuen Vorstellungen und Motiven beherrscht.« (*Anonyme Alkoholiker – Das Blaue Buch*)

Roland war erleichtert, als er das hörte, weil er Mitglied einer Kirche war. Aber Jung sagte ihm, dass das zwar gut sei, doch in seinem Fall die religiösen Überzeugungen nicht die starke spirituelle Erfahrung ausmache, von der er gesprochen habe.

Roland kehrte nach Amerika zurück, fand die geistliche Hilfe, die er suchte, wurde nüchtern und begann, anderen die Botschaft weiterzugeben. Wie schon an anderer Stelle gesagt, erreichte er damit Bill W. in seiner Küche durch Ebby. Bill, der nun wusste, dass er machtlos war (Schritt Eins), rief im Towns Hospital Gott um Hilfe an (Schritt Zwei). Er hat nie wieder Alkohol angerührt. Aus diesem Grund hat er den zweiten und dritten Schritt verfasst.

Als Ebby Bill sagte, dass er Gott brauche, nahm Bill, ein Skeptiker, Anstoß an der Vorstellung von einem persönlichen Gott. Ebby schlug vor, er solle hier einfach seine eigene Vorstellung von Gott einsetzen. Das entschärfte Bills Einwände. Diesen Gedanken griff Bill im dritten Schritt auf. Er wollte die Vorstellung von Gott so weit als möglich offen lassen und somit die Einwände der Atheisten in der Gruppe zerstreuen. Ob man sich damit zufrieden geben sollte, Gott zu suchen, wie wir ihn verstehen, oder von dort ausgehend, Gott kennen lernen will, wie er wirklich ist, ist eine wichtige Frage bei unserer spirituellen Suche.

Alkoholismus wirkt sich verheerend auf die körperliche Verfassung aus und ist eine tödliche Krankheit. Ein chaotischer Lebensstil wirkt sich zwar äußerst lähmend auf unser Leben aus, ist jedoch nicht lebensbedrohlich. Ist also dieselbe intensive Beziehung zu einer höheren Macht, Gott, für uns notwendig? Es gibt wohl keine größere Macht, um die Veränderung des Menschen zu beeinflussen, als die echte »spirituelle Erfahrung«, von der Jung sprach. Doch es scheint, dass manche Menschen bedeutende Veränderungen in ihrem Leben zuwege bringen, ohne dass ihnen ein göttliches Eingreifen bewusst wäre.

Gott ist eine »Macht, größer als wir selbst«. Ja, mehr noch. Seine Bedeutung für den Menschen geht weit über die Überwindung eines chaotischen Lebensstils, Alkoholismus oder anderer problematischer Situationen hinaus, in denen wir Sterblichen uns befinden. Sie reicht in die Ewigkeit hinein.

Doch da wir so sehr auf uns selbst bezogen sind, erinnern wir uns am ehesten an Gott, wenn wir in Schwierigkeiten sind und Hilfe benötigen. Ihn zu suchen ist jedoch immer notwendig. Viele wollen nicht mehr ein Leben leben, das durch Chaos und Unordnung in seiner Entfaltung gehindert wird, weil wir das Gefühl haben, dass Gott uns zu einem bestimmten Zweck auf diese Erde geschickt hat. Er hat uns ein Leben geschenkt, das zu gut und zu wichtig ist, als dass wir dauernd nur Unordnung und Schmutz vor Augen haben. Die von Jung erwähnten »großen emotionalen Verschiebungen oder Umstellungen« sind möglich.

Mancher mag sich fragen, was meine persönliche Ansicht zu dem Thema ist. Ich glaube an einen persönlichen Gott, der sich in der Bibel und darüber hinaus in seinem Sohn offenbart hat. Dieser Glaube und der Einfluss, den er auf mein Leben hat, waren die Antriebskraft für meine Arbeit mit anderen Messies und, wie Bill W. schrieb, ich versuche ihn »in allen Dingen meines Lebens« zur Geltung zu bringen.

Zwölf Prinzipien des Programms der AM

Diese Zwölf Prinzipien stehen im Einklang mit den Gedanken der Zwölf Schritte und Traditionen der AA. Wer diesen Zwölf Prinzipien folgt, wird zu dem Ausmaß an Kontrolle und Ordnung gelangen, nach dem er/sie sich sehnt. Lesen Sie sie täglich durch. Lesen Sie sie laut. Greifen Sie einen oder mehrere heraus, um täglich darüber zu meditieren. In dem Maße, wie Sie Ihr Denken verändern, wird sich auch Ihr Leben verändern.

1. Konzentration
Ich will mich nur auf eine Sache auf einmal konzentrieren. Ich will mein Tempo verlangsamen und meiner Neigung, mich ablenken zu lassen, entgegenwirken, die meine Entschlossenheit und Energie unterhöhlt.

2. Prioritäten
Ich werde mir Grenzen setzen, da ich weiß, wer ich bin, und was ich erreichen möchte. Ich will nicht mehr versuchen, alles zu tun und zu sein.

3. Mut
Ich will mich meinen Ängsten stellen, einen Fehler zu machen oder nicht genug zu besitzen. Ich will meiner Furcht vor Veränderung mutig begegnen. Ich will furchtlos der Wahrheit ins Auge blicken, auf welche Weise meine Desorganisation sich schädlich auf mein Leben ausgewirkt hat.

4. Motivation

Ich will meine Möglichkeiten nutzen, um meinen Wunsch nach Veränderung wach zu halten. Ich werde jeden Funken Begeisterung am Leben erhalten, und mich nicht durch den Haushalt, andere Menschen oder mein eigenes zauderndes Herz entmutigen lassen. Ich arbeite an dem Programm, in dem ich täglich entsprechende Lektüre lese, Kassetten höre, zu Treffen der AM gehe, in Kontakt mit anderen bleibe, die ähnliche Probleme haben und die Prinzipien täglich in meinem Leben umsetze.

5. Würde

Ich schulde es mir selbst, ein geordnetes Leben zu leben, weil Ordnung meine Selbstachtung fördert und Unordnung sie zerstört. Ich will mir Zeit nehmen für meine persönlichen und spirituellen Bedürfnisse. Das Ebenbild Gottes in mir lässt mich unglücklich darüber sein, dass ich in einem solchen Chaos lebe.

6. Distanzierung

Ich will mich von meiner neurotischen emotionalen Beziehung zu Dingen lösen, die mich dazu treibt, sie zu sammeln und zu horten. Ich will mich von den Denkstrukturen lösen, die mir Unordnung und Wirrwarr eingebracht haben.

7. Stärke

Stärke ist das Gegenmittel zu meiner Ohnmacht. Der Katalysator für die Veränderung liegt in mir. Ich habe die Fähigkeit, die Kontrolle über mein Leben zu übernehmen und in meinem Haushalt wie in meinem Leben Ordnung statt Unordnung zu schaffen.

8. Planen

Planen ist der Schritt zwischen meinen Bedürfnissen und meinen Zielen. Ich plane meinen Weg zum Erfolg und gehe ihn, indem ich

eine Aufgabe nach der anderen in Angriff nehme und jeden Tag
für sich sehe.

9. Schönheit

Schönheit ist die Musik der visuellen Welt. Ich möchte mir immer
vor Augen halten, dass ich nicht nur Ordnung, sondern auch
Schönheit schaffen will, weil Schönheit meine Seele stärkt und
mir hilft, nicht den Mut zu verlieren.

10. Mäßigung

Weil ich von Natur aus kein gemäßigter Mensch bin, werde ich
mich bemühen, mich nicht zu sehr in Ordnung oder Unordnung,
Kontrolle oder mangelnde Kontrolle, Hoffnung oder Verzweiflung hineinzusteigern. Ich will stattdessen langsam aber stetig vorangehen und nicht in irgendeiner Richtung übertreiben.

11. Hoffnung

Wenn mich die Angst überkommt, will ich daran denken, dass
eine Veränderung möglich ist. Ich bin kein hoffnungsloser Fall.
Mein Leben wird angenehm und harmonisch sein, wenn ich mich
weiterhin an das Programm halte.

12. Vision

Ich will über das Hier und Heute hinaus auf das Haus sehen, wie
es einmal aussehen wird. Dieses Bild wird mein Leuchtfeuer sein,
wenn die Dunkelheit der Verwirrung mein Denken umhüllt.

Wege aus dem Alltags-Chaos!
Von Sandra Felton

Im Chaos bin ich Königin
Überlebenstraining im Alltag
Paperback. 180 Seiten.
ISBN 3-87067-556-X

♦ Wie denken Messies?
♦ Ursachen für Unordnung
  und Zwanghaftigkeit
♦ Das Messie-Denken
  überwinden

Ohne Chaos geht es auch
Das ultimative Praxisbuch
für Messies
Paperback. 160 Seiten.
ISBN 3-87067-639-6

♦ Messietypen
♦ Zielgerichtet leben
♦ Mount-Vernon-Methode
♦ Arbeiten mit System
♦ Organisationstipps

Laß uns das Chaos überleben!
Hilfen für Menschen,
die mit Messies leben
Paperback. 176 Seiten.
ISBN 3-87067-676-0

♦ Zusammenleben mit einem
  Messie
♦ Messies verstehen
♦ Wie kann ich praktisch helfen
♦ Widerstand begegnen

Im Chaos werden Rosen blühen
Tipps und Tricks für Messies
Paperback. 192 Seiten.
ISBN 3-87067-608-6

♦ Wiedererlangung der Würde
♦ Taktiken im Kampf gegen das
  Chaos
♦ Problembereiche
♦ Tipps und Tricks

Das Chaos ist besiegt!
Mit Kreativität und Pfiff den Alltag
im Griff
Paperback. 240 Seiten.
ISBN 3-87067-724-4

♦ Denkstruktur eines Messies
♦ Partner und Kinder
♦ Messie-Burnout
♦ Minuten-Messie
♦ Innenarchitektur

Schritt für Schritt aus dem Chaos
Das Arbeitsbuch für Messies
Paperback. 96 Seiten.
ISBN 3-87067-774-0

♦ Mit 26 Schritten aus dem
  Chaos
♦ Ziele formulieren und erreichen
♦ Gedanken und Umwelt
  verändern
♦ Rezepte gegen das Zaudern

Brendow
Buch · Kunst · Verlag